Para Randy y Kathie King

Gracias por su visión para
nuestro ministerio, Pathway to Victory,
a medida que compartimos con el mundo
el mensaje de Jesucristo, el único Camino
a ese "lugar llamado cielo".

UN LUGAR LLAMADO CIELO

10 verdades sorprendentes acerca de su hogar eterno

DR. ROBERT JEFFRESS

PATMOS

Un lugar llamado cielo:
10 verdades sorprendentes acerca de su hogar eterno

Publicado por Editorial Patmos,
Miami, FL 33169

Diseño de portada e interior por Adrián Romano
Traducido por Patricia Weist
Editado por Grupo Scribere

ISBN: 978-1-58802-967-6

Categoría: Vida Cristiana

Impreso en Brasil | *Printed in Brazil*

CONTENIDO

AGRADECIMIENTOS

Ningún libro es la creación de un solo individuo. Estoy profundamente agradecido con las siguientes personas que me fueron de gran ayuda al momento de crear y comunicar este mensaje alentador acerca de "un lugar llamado cielo".

Brian Vos, Mark Rice, Brianna DeWitt, Lindsey Spoolstra y todo el equipo de Baker Books, quienes captaron inmediatamente la visión para este libro.

Derrick G. Jeter, nuestro director creativo en Pathway to Victory, quien me fue de inestimable ayuda en el desarrollo del mensaje de esta obra.

Sealy Yates, mi agente literario y amigo por más de veinte años, quien siempre me da consejos sabios y me ofrece su inigualable creatividad.

Carrilyn Baker, mi fiel colega por casi dos décadas, quien me ayudó a llevar el control de los numerosos borradores de este libro al tanto que se dedicaba a una multitud de otros trabajos, siempre con excelencia.

Ben Lovvorn, Nate Curtis, Patrick Heatherington, Vickie Sterling y todo el equipo de Pathway to Victory, quienes comunican el mensaje de estas páginas a millones de personas en todo el mundo.

Amy Jeffress, mi novia en nuestra adolescencia y mi esposa por cuarenta años, quien hace posible todo lo que puedo hacer.

1

¿CÓMO AFECTA MI VIDA PRESENTE EL QUE HAYA UN CIELO EN EL FUTURO?

> Buscad las cosas de arriba, donde está Cristo sentado a la diestra de Dios. Poned la mira en las cosas de arriba, no en las de la tierra.
>
> Colosenses 3:1-2

Mi ministerio requiere que viaje mucho. En este mismo momento, mientras comienzo a escribir este libro sobre el cielo, estoy preparándome para un vuelo internacional. Cada vez que viajo a un destino diferente, hago una lista mental de cosas que necesito realizar antes de irme y de artículos que necesito llevar, especialmente si sé que estaré fuera durante un período de tiempo prolongado.

En este momento estoy preparándome para hacer un viaje a Londres, por lo cual los asuntos que figuran en mi lista de tareas por hacer son un poco más complicados que si viajara a Nueva York por uno o dos días. Por ejemplo, necesito comunicarme con la oficina de correos y el periódico para pedir que interrumpan temporalmente mi servicio. Necesito comunicarme con mi compañía de tarjeta de crédito para notificar dónde estaré para que no congelen mi cuenta al suponer que mi tarjeta de crédito o mi identidad han sido robadas. Necesito también llamar a la compañía de teléfono celular para que habiliten mi teléfono para poder tener servicio internacional. Además, tendré que mirar la tasa de cambio de dólares a libras, averiguar cómo estará el tiempo para poder llevar la ropa adecuada, y lo que es más importante, asegurarme de tener mi boleto y mi pasaporte. Sin boleto no podré abordar el avión, y sin pasaporte no lograré entrar al país.

Los viajeros sabios tienen una rutina para prepararse para cualquier viaje, aun si solo estarán fuera un fin de semana. Sin embargo, muy pocas personas se toman el tiempo de prepararse para el viaje final que todos harán a un país muy lejano. Mi viaje a Londres solo durará unas semanas, pero el viaje al cual me refiero es un viaje de ida que durará por la eternidad; es el viaje que todo creyente emprenderá a aquel "lugar llamado cielo".

Lo cierto es que muchos creyentes no pasan mucho tiempo pensando conscientemente acerca del cielo, y tal vez usted tampoco lo ha hecho. Las responsabilidades agobiantes de la vida en este mundo nos impiden pensar detenidamente sobre la vida en el otro mundo. Además, el hecho de que sabemos tan poco acerca de nuestro hogar en el cielo hace que este parezca más remoto e irrelevante a nuestra existencia.

Sin embargo, en nuestro corazón todos añoramos un mundo mejor, especialmente en el momento de un diagnóstico médico desolador, la ruptura de una relación íntima o la muerte de un ser amado. En aquellos momentos, queremos creer —tenemos que creer— que hay un lugar mejor en el cual vivir. El talentoso autor Philip Yancey capta esta realidad cuando escribe:

> La Biblia nunca subestima la decepción humana... pero sí la describe usando una palabra clave: pasajera. No sentiremos siempre lo que sentimos ahora. Nuestra decepción es en sí una señal, un anhelo, un hambre por algo mejor. Y en realidad, la fe es un tipo de morriña para un hogar que nunca hemos visitado, ¡pero que nunca hemos dejado de añorar![1]

Este libro tiene que ver con ese hogar futuro: el cielo. El cielo no es un fantasioso destino imaginario creado por personas bienintencionadas con el fin de impedir que las duras realidades de la vida nos agobien. Jesucristo —la Persona en quien los creyentes dependen para su destino eterno— nos asegura que el cielo es un lugar real:

> En la casa de mi Padre muchas moradas hay; si así no fuera, yo os lo hubiera dicho; voy, pues, a preparar lugar para vosotros. Y si me fuere y os preparare lugar, vendré otra vez, y os tomaré a mí mismo, para que donde yo estoy, vosotros también estéis. (Juan 14:2-3)

Como verá en las siguientes páginas, Jesús está en el cielo ahora mismo supervisando el proyecto de construcción más grande de toda la historia: el de nuestro hogar celestial. Y si Él se toma el trabajo de crear un hogar tan hermoso, podemos estar seguros de que Él regresará a buscarnos y llevarnos a ese nuevo destino indescriptible que está preparando para nosotros.

Hay muchas razones por las que deberíamos estar pensando más acerca de nuestro futuro hogar en ese "lugar llamado cielo", pero la razón más obvia es la siguiente: nuestra partida para nuestro futuro hogar es segura y se dará relativamente pronto.

La muerte es inevitable

"Las estadísticas en cuanto a la muerte son bien impresionantes —comentó un observador perspicaz—. Diez de cada diez personas mueren".[2] Y cuando llega la muerte, llega repentinamente, y muchas veces de forma inesperada.

"Porque el hombre tampoco conoce su tiempo —dijo Salomón—. Como los peces que son presos en la mala red, y como las aves que se enredan en lazo, así son enlazados los hijos de los hombres en el tiempo malo, cuando cae de repente sobre ellos" (Ec. 9:12). El patriarca Isaac en el Antiguo Testamento no sabía cuándo moriría. En el crepúsculo de su vida, confesó: "He aquí ya soy viejo, no sé el día de mi muerte" (Gn. 27:2).

Los soldados en el campo de batalla enfrentan la posibilidad de la muerte diariamente, y también lo hacen los pacientes de cáncer a quienes se les ha notificado que su enfermedad es terminal. Pero ¿ha enfrentado usted el hecho de que va a morir, y que este acontecimiento podría ocurrir muy pronto? Si es verdad que Dios ha dispuesto cada día de su vida —inclusive el día de su muerte— cada segundo que transcurre lo acerca más al sepulcro. Esa es una muy buena razón para empezar a pensar en serio acerca de su hogar eterno.

Jesús una vez contó acerca de un agricultor que estaba satisfecho con la abundancia de sus bienes. Este derribó sus graneros viejos y construyó graneros mayores para guardar sus frutos, diciendo: "Alma, muchos bienes tienes guardados para muchos años; repósate, come, bebe, regocíjate" (Lc. 12:19). Pero los planes de Dios eran otros: "Necio, esta noche vienen a pedirte tu alma" (v. 20). La frase "vienen a pedirte" se refiere a un préstamo que se ha vencido. Nuestras vidas son simplemente un préstamo de parte de Dios. ¡Él puede dar por vencido el préstamo en cualquier momento que quiera!

Sin embargo, muy pocos —a menos que seamos de edad avanzada o estemos sufriendo de una enfermedad terminal— vivimos a la luz de la muerte. Miramos la muerte como una posibilidad distante. ¿Y el cielo? Pues, ése es un tema para otro día, o por lo menos, así nos parece.

Pero, lo cierto es que nuestra partida de esta vida es segura. Nadie puede salir de esta vida vivo. Job dijo: "Ciertamente sus días están determinados [...]. Le pusiste límites, de los cuales no pasará" (Job 14:5). Podemos correr todas las millas que queramos y comer todos los alimentos sanos que podamos, pero no vamos a vivir en esta tierra un segundo más de lo que Dios ha predeterminado.

El darnos cuenta que nuestro tiempo en la tierra es limitado definitivamente debería motivarnos a usar nuestro tiempo de manera sabia. Moisés oró: "Enséñanos de tal modo a contar nuestros días, que traigamos al corazón sabiduría". (Sal. 90:12) Cada vez que leo ese versículo pienso acerca de uno de los hombres más rectos que jamás he conocido: Harold Warren. Hace años, Harold sirvió como presidente del comité de búsqueda que me llamó a ser pastor de First Baptist Church en Wichita Falls, Tejas. En su oficina, Harold tenía un pequeño pizarrón lleno de marcas de tiza. Un día le pregunté qué representaban aquellas marcas. "Cada marca indica cuántos días tengo hasta llegar a mi septuagésimo cumpleaños —me dijo—. Cada día borro una marca para recordarme qué tan poco tiempo tengo y para animarme a aprovechar al máximo los días que me quedan". Después de cumplir setenta, Harold vivió unos cuantos años más. El día después de este cumpleaños histórico, empezó a *añadir* una marca para recordarse que tenía los días contados. Harold entendía lo que significa "contar nuestros días".

El reconocer lo limitado que es nuestro tiempo en la tierra debe llevarnos a pensar acerca de lo que nos espera en la eternidad. La autora cristiana Joni Eareckson Tada, quien quedó parapléjica después de tener un accidente en 1967 al zambullirse en un lago, ha pensado mucho acerca del cielo desde ese momento: "Ya que el cielo puede estar tan cerca como el próximo año o la próxima semana, tiene sentido pasar tiempo aquí en la tierra pensando de manera franca acerca de ese maravilloso futuro que nos está reservado".[3]

Como creyentes, en vista de la certeza de que iremos al cielo, Joni anima a los creyentes a invertir en relaciones personales; perseguir la pureza; ser honrados; dar generosamente de nuestro tiempo, talentos y tesoros; y comunicar el evangelio de Cristo. ¿Por qué? Porque el escoger hacer tales cosas conlleva consecuencias y galardones eternos, como veremos en los siguientes capítulos.[4]

Perspectivas del pasado

Joni Eareckson Tada no es la única persona que ha pensado acerca del cielo. A través de la historia, muchos escritores, filósofos y profetas han prestado mucha atención a lo que Shakespeare llamaba "el país no descubierto".[5] Y la mayoría, si no todos, han concluido que los que mayor influencia tienen en esta vida son los que más piensan en la próxima vida.

Todos hemos oído el viejo cliché que dice que hay personas que piensan demasiado en las cosas celestiales que no valen nada aquí en la tierra. Algunas personas usan esta idea para justificar y enfocar sus esfuerzos y afectos únicamente en este mundo; se engañan al pensar que esta perspectiva limitada es en realidad una virtud. Como el agricultor insensato quien se comportó como si viviría para siempre, estas personas no se dan cuenta de lo breve que es la vida y lo larga que es la eternidad.

Como observó C. S. Lewis, el problema con la mayoría de los creyentes no es que piensan *demasiado* acerca del cielo, sino que piensan en él *demasiado poco*.

> Si lee la historia, encontrará que los creyentes que más lograron hacer grandes cosas en esta vida presente fueron precisamente los que más pensaban en la próxima vida. Los mismos apóstoles, quienes pusieron en marcha la conversión del imperio romano, los grandes hombres que vivieron durante la Edad Media, los evangélicos ingleses quienes abolieron el comercio de esclavos, todos dejaron su marca en la tierra precisamente porque tenían la mente enfocada en el cielo. No es sino desde que los creyentes han dejado en gran parte de pensar en el otro mundo que han llegado a ser tan ineficaces en éste. Si ponemos la mira en el cielo, ganaremos además la tierra; si ponemos la mira en la tierra, no ganaremos ni el cielo, ni la tierra.[6]

La gran ironía es que, mientras más pensamos en el mundo venidero, más eficaces llegaremos a ser en este mundo. He visto funcionar este principio cada vez que he efectuado una transición de una iglesia a otra. Cada vez que me llama una nueva iglesia a ser su pastor, siempre ha habido un período intermedio de más o menos un mes durante el cual pongo fin a mi labor en mi iglesia anterior y al mismo tiempo, pienso acerca de mi nueva iglesia. Por lo general, esas cuatro semanas son las más productivas de todo mi tiempo en la iglesia anterior. ¿Por qué? Ya que sé que mi tiempo es limitado, estoy motivado a dejar mi labor bien hecha, y estoy libre de tomar lo que me parece que son las mejores decisiones para la iglesia. ¡Después de todo, no me pueden despedir, puesto que ya estoy por salir! ¡Qué maravillosa sensación de libertad!

El darnos cuenta de que estamos en camino a un nuevo lugar llamado "cielo" debe motivarnos grandemente a pasar nuestro tiempo limitado en la tierra de manera productiva. No tenemos por qué preocuparnos por acumular una gran cantidad de dinero ya que dejaremos atrás todo nuestro dinero al partir. No tenemos por qué enfocarnos en lo que otras personas nos hacen o lo que piensan de nosotros; nuestro llamado al nuevo lugar está asegurado. Más bien, entender la realidad de ese "lugar llamado cielo" que nos espera debe liberarnos para poder invertir los pocos años que nos quedan en la tierra lo más sabiamente posible.

Al examinar la vida de los hombres y las mujeres en el Antiguo Testamento que más influyeron en este mundo —por ejemplo, Abel, Enoc, Noé, Abraham, Isaac, Jacob y Sara— descubrimos lo que todos tenían en común: estaban cautivados por la esperanza de la próxima vida.

> Conforme a la fe murieron todos éstos sin haber recibido lo prometido, sino mirándolo de lejos, y creyéndolo, y saludándolo, y confesando que *eran extranjeros y peregrinos sobre la tierra*. Porque los que esto dicen, claramente dan a entender que *buscan una patria*; pues si hubiesen estado pensando en aquella de donde salieron, ciertamente tenían tiempo de volver. Pero anhelaban *una mejor*, esto es, *celestial*; por lo cual Dios no se avergüenza de llamarse Dios de ellos; *porque les ha preparado una ciudad*. (Heb. 11:13-16)

David también añoraba esa "patria". En el Salmo 42, escribió:

> Como el ciervo brama por las corrientes de las aguas,
> Así clama por ti, oh Dios, el alma mía.
> Mi alma tiene sed de Dios, del Dios vivo;

> ¿Cuándo vendré, y me presentaré delante de Dios?
> (Sal. 42:1-2)

En el Nuevo Testamento, Pablo se debatió entre dos deseos: el de partir al cielo lo antes posible y el de quedarse en la tierra para cumplir con su ministerio.

> Sabiendo que entre tanto que estamos en el cuerpo, estamos ausentes del Señor [...], y más quisiéramos estar ausentes del cuerpo, y presentes al Señor. (2 Co. 5:6,8)

Pablo se daba cuenta de que cada minuto que pasaba vivo en la tierra era un minuto que estaba alejado del hogar que Jesús le había preparado en el cielo. Esa es una perspectiva interesante de la vida que pocas personas consideran. Estoy pensando en esa realidad mientras escribo estas palabras. Poco después de regresar de Londres, tendré que pasar tres días en Detroit, Michigan, para cumplir con un compromiso como conferenciante. Ahora bien, no tengo nada en contra de Detroit, pero no es mi hogar. Preferiría pasar esos tres días en mi hogar cómodo, disfrutando de mi familia. Fui creado para vivir en Dallas, no en Detroit. Pablo fue creado para el cielo y no la tierra. No quería pasar un minuto más de lo necesario aquí.

Sin embargo, Pablo se dio cuenta de que era necesario pasar algún tiempo aquí en la tierra para cumplir con la misión que Dios le había encomendado de guiar a otras personas al cielo. Pablo les confesó a los creyentes filipenses:

> Porque para mí el vivir es Cristo, y el morir es ganancia. Porque de ambas cosas estoy puesto en estrecho, teniendo deseo de partir y estar con Cristo, lo cual es muchísimo

> mejor; pero quedar en la carne es más necesario por causa de vosotros. (Flp. 1:21, 23-24)

Pablo no fue el único que se debatió entre su obligación en este mundo y su deseo de estar en el otro mundo. Otros creyentes primitivos también se sintieron atraídos por su "patria" celestial. El año pasado visité las catacumbas antiguas debajo de la ciudad de Roma, en las cuales aparecen cuadros de escenas celestiales que representan hermosos paisajes, niños jugando y personas festejando. Las tumbas de los mártires cristianos que están sepultados allí llevan inscripciones que muestran que estas personas tenían la mira puesta en el cielo:

- "En Cristo, Alejandro no está muerto, sino que vive; su cuerpo reposa en la tumba".
- "Partió para vivir con Cristo".
- "Fue llevado a su hogar eterno".[7]

Cipriano, padre de la iglesia en el siglo tercero, animó a su congregación a "recibir el día que nos asigna a cada uno su propio hogar, que nos arrebata de este lugar y nos libera de las trampas del mundo y nos restaura al paraíso y al reino [celestial]". Luego preguntó: "¿Quiénes de los que han sido colocados en países extranjeros no se apresurarían a regresar a su propio país?" La respuesta era obvia: ninguno, ya que "consideramos el paraíso como nuestro país".[8]

Pero el tener los ojos puestos en ese país lejano no quería decir que estos cristianos primitivos estaban inconscientes de lo que estaba ocurriendo a su alrededor. En 125 d. C., un filósofo ateniense llamado Arístides le escribió al emperador Adriano acerca de las actividades de los creyentes. Después de relatar una larga lista de sus acciones justas a favor de creyentes y también no creyentes, Arístides le dijo al emperador: "Si alguna persona justa fallece, ellos se regocijan y le dan gracias a Dios. Siguen su cuerpo, como si se estuviera mudando de un lugar a otro".[9]

Una vislumbre del cielo

Para el seguidor de Jesucristo, la muerte es efectivamente "el mudarse de un lugar a otro". Es como mudarse de la tundra congelada del círculo polar ártico a las playas bañadas por el sol de Hawái. Pablo describió el cambio de lugar del creyente en el momento de la muerte al decir que el "estar ausentes del cuerpo", era estar "presentes al Señor" (2 Co. 5:8).

Si el cielo es nuestro futuro hogar, ¿por qué no querríamos saber todo lo que pudiéramos acerca de él? Imagínese que su empleador le dice que va a ser transferido de manera permanente a una ciudad que nunca ha visitado: San Diego, California. Usted ha visto algunas fotos de San Diego, y recuerda que tenía un primo que vivía allí, pero en general, no sabe nada acerca de la ciudad. ¿No cree que trataría de averiguar las opciones disponibles en cuanto a la vivienda, las mejores escuelas para sus hijos, el costo de la vida, el clima y muchas otras cosas acerca de su nuevo destino? Solo un tonto diría que está demasiado ocupado con su trabajo y sus responsabilidades familiares como para hacer un esfuerzo para averiguar cómo es su futuro hogar. El teólogo J. C. Ryle escribió que cada creyente pasará algún día por un "traslado" similar pero eterno:

> Digamos que usted se va del país en que nació y va a pasar el resto de su vida en un nuevo hemisferio. Sería bien raro si no deseara ninguna información acerca de su nuevo

> domicilio. Por lo tanto, si esperamos vivir para siempre en aquella "patria celestial", deberíamos tratar de conseguir toda la información que podamos acerca de ella. Antes de partir a nuestro hogar eterno, deberíamos tratar de familiarizarnos con él.[10]

Sin embargo, cuando empezamos a buscar información en las Escrituras acerca de este "lugar llamado cielo", pronto descubrimos que la Biblia no nos dice todo lo que queremos saber acerca de nuestro futuro hogar. Lo que la Biblia revela es verdad, pero no es una información exhaustiva. Más bien, Dios nos ha dado un esbozo de nuestro futuro hogar.

Por ejemplo, Dios le dio al apóstol Pablo una gira personal del cielo cuando el apóstol fue "arrebatado hasta el tercer cielo [...], al paraíso" (2 Co. 12:2-4).[11] Sin embargo, este hombre que escribió gran parte del Nuevo Testamento, ¡nunca escribió nada de lo que oyó y vio en el cielo! ¿Por qué? Porque lo que oyó fueron "palabras inefables que no le es dado al hombre expresar" (v. 4).

Y aunque al apóstol Juan se le dio la visión más extensa del futuro que haya recibido cualquier creyente —la cual está registrada en el libro de Apocalipsis— hay algunos aspectos que a Juan se le mandó "sellar y no escribirlos" (Ap. 10:4). Entonces, ¿por qué no nos dice Dios todo acerca del cielo?

Primero, porque Dios sabe que nuestra mente es incapaz de comprender plenamente el esplendor del cielo. Por ejemplo, ¿cómo se pudiera describir la belleza de un atardecer a un ciego que nunca ha visto nada? ¿Con qué señas le comunicaría usted a un sordo la grandiosa majestad de la quinta sinfonía de Beethoven? Nuestra mente está diseñada para comprender las experiencias de este mundo, pero somos incapaces de procesar las realidades del otro mundo.

Además, si supiéramos todo acerca del cielo, nunca podríamos concentrarnos en las responsabilidades que Dios nos ha dado aquí en la tierra. Sé que esto suena como una contradicción de mi declaración anterior de que mientras más fijamos la mente en el cielo, más lograremos hacer en la tierra, pero no lo es. Permítame explicarle.

Supongamos que un niño se sienta a cenar y su mamá le da un plato de habas, que normalmente no le importaría comer. Pero entonces su mamá pone sobre la mesa un plato de helado de vainilla cubierto con sirope de chocolate y crema batida. ¿Qué cree usted que el niño querrá comer? Lo mismo que usted querría comer: ¡el helado! Sin embargo, si el niño tiene delante de él su plato de habas y su mamá le *promete* un plato de helado cuando termine de comer sus verduras, ¡el niño se comerá las verduras con gusto, sabiendo que le espera algo mejor!

Si Dios nos dijera todo acerca del cielo, sería muy difícil para nosotros concentrarnos en trabajos muy importantes que Él nos ha encargado durante nuestra breve estadía aquí en la tierra. Es por eso que Dios nos ha dado solo la información necesaria acerca del cielo como para abrir nuestro apetito de modo que deseemos comernos el "helado" que está por venir.

Ecos de la eternidad

El hecho de que Dios solo nos da una vislumbre del cielo no nos debe disuadir de averiguar todo lo que podamos acerca de nuestro futuro hogar. La vida incluye mucho más que los más o menos setenta años que pasamos aquí en la tierra. No malentienda lo que estoy diciendo: su vida aquí en la tierra es sumamente importante. Las decisiones que toma, el carácter que forma y los afectos que desarrolla ahora influirán grandemente en su vida más allá de la tumba, como veremos en el capítulo 8. Como Máximo Décimo Meridio, el general ficticio quien luego se convirtió en gladiador, les dijo a sus hombres: “Lo que hacemos en esta vida hace eco en la eternidad”.[12]

No obstante, nuestra existencia más allá de la muerte merece nuestro estudio detenido. Como lo expresó el filósofo romano, Séneca: “Esta vida no es sino un preludio a la eternidad”.[13] C. S. Lewis escribió acerca de esto en el libro final de su serie acerca del país de Narnia, *La última batalla*. Los niños sufren un terrible accidente de ferrocarril y son transportados inmediatamente a Narnia. Temen que serán transportados nuevamente a la tierra, pero Aslan les asegura que finalmente han llegado a casa.

> “Hubo un accidente de ferrocarril real —dijo Aslan suavemente—. Su madre y su padre, y todos ustedes están —como solían llamarlo en las tierras de penumbra— muertos. El trimestre escolar ha terminado, las vacaciones han empezado. El sueño se acabó; ya es de día”.
>
> Y a medida que hablaba, su apariencia ya no era la de un león. Después de eso, empezaron a ocurrir cosas tan grandes y hermosas que no puedo escribirlas. Y para nosotros, este es el fin de todas las historias, y podemos decir a ciencia cierta que todos vivieron felices para siempre. Pero para ellos no era sino el principio de la verdadera historia. Toda su vida en este mundo y todas sus aventuras en Narnia no habían sido sino la tapa y la portada del libro; ahora finalmente estaban empezando el Primer Capítulo de la Gran Historia que nadie en la tierra ha leído, la cual continúa para siempre y en la cual cada capítulo es mejor que el anterior.[14]

Cuatro beneficios de fijar la mente en el cielo

Si nuestra breve estadía en la tierra no constituye sino la "tapa y la portada" de nuestra existencia eterna, definitivamente tiene sentido que queramos saber lo que viene después de la portada. Más allá de satisfacer nuestra curiosidad natural acerca de lo que nos espera más allá de la tumba, el contemplar la otra vida puede conllevar beneficios tangibles en esta vida.

1. Enfocarnos en el cielo nos recuerda la brevedad de nuestra vida terrenal

La vida es corta; la eternidad es larga. Para ilustrar esta realidad, Randy Alcorn pide que la gente tome una hoja de papel en blanco y dibuje un punto en el centro, y luego dibuje una línea desde el punto hasta el borde de la página. Se vería más o menos así:

El punto representa nuestros años en la tierra mientras que la línea representa la eternidad. En este momento, todos estamos viviendo dentro del punto. Pero muy pocos creyentes piensan en lo que queda más allá del punto: la línea que representa la eternidad que nos espera. ¡Qué insensato es vivir para el punto que no es sino un pitido en la pantalla de radar de nuestra existencia eterna![15]

Sin embargo, el punto y la línea sí están conectados. Por muy breve que sea nuestra existencia en esta vida, está muy conectada con nuestra existencia eterna. No hay ninguna interrupción entre el punto y la línea. Mi amigo Bruce Wilkinson lo expresa de manera brillante: "Todo lo que usted hace hoy tiene una importancia eterna".[16]

Tanto yo como uno de mis amigos más allegados perdimos nuestros padres al tener alrededor de treinta años. Esta experiencia en común nos ha llevado a hablar con frecuencia acerca de lo breve que es nuestra vida en la tierra. Cuando cenamos en compañía de nuestras esposas, si la conversación toma ese giro, las esposas levantan los ojos al cielo y dicen: "¡Ya estamos de nuevo! ¡Otra vez con el discurso acerca de la brevedad de la vida!"

Pero por mucho que me hacen falta mis padres, veo su "partida temprana" (por lo menos, temprana desde mi punto de vista) como un don de Dios que me recuerda constantemente lo breve que es mi vida. La muerte de ellos me recuerda que aunque yo vivo *dentro del* punto, nunca debo vivir *para* el punto. Debo vivir para la línea, teniendo en mente la eternidad. Y usted también debe hacerlo.

En el Nuevo Testamento, Santiago lo expresa de esta manera: "No sabéis lo que será mañana. Porque ¿qué es vuestra vida? Ciertamente es neblina que se aparece por un poco de tiempo, y luego se desvanece" (Stg. 4:14). Y el apóstol Pedro hizo la siguiente observación:

> Toda carne es como hierba,
> Y toda la gloria del hombre como flor de la hierba.
> La hierba se seca, y la flor se cae. (1 P. 1:24)

David no solo estaba de acuerdo con esta observación, sino que también pidió que Dios le recordara constantemente la brevedad de su vida terrenal. En un salmo que hace eco de la petición de Moisés: "Enséñanos [...] a contar nuestros días" (Sal. 90:12), David le pidió al Señor:

> Hazme saber, Jehová, mi fin,
> Y cuánta sea la medida de mis días;

> Sepa yo cuán frágil soy.
> He aquí, diste a mis días término corto,
> Y mi edad es como nada delante de ti;
> Ciertamente es completa vanidad todo hombre
> que vive. (Sal. 39:4-5)

El enfocarnos en la realidad y la verdad del cielo de la manera que lo vamos a hacer en las siguientes páginas es una forma muy práctica de recordarnos constantemente lo efímero que es nuestro tiempo en la tierra.

2. Enfocarnos en el cielo nos prepara para la certeza de que seremos juzgados

"Todos van al cielo" puede ser el título de una canción popular, pero también es una terrible mentira. La Palabra de Dios nos revela que todos no van al cielo. De hecho, si hemos de confiar en las palabras de Jesús al respecto, hay muy pocas personas que van a ir al cielo.

El Señor exhortó a las personas: "Entrad por la puerta estrecha; porque ancha es la puerta, y espacioso el camino que lleva a la perdición, y muchos son los que entran por ella; porque estrecha es la puerta, y angosto el camino que lleva a la vida, y pocos son los que la hallan" (Mt. 7:13-14).

Es trágico que la mayoría de la humanidad está andando por el camino equivocado que al final lleva al destino equivocado. Desde el momento que nacemos en este mundo, andamos por ese camino, el cual nos aleja de Dios. Es el camino de rebelión en contra de Dios. Como escribió el profeta Isaías:

> Todos nosotros nos descarriamos como ovejas, cada cual se apartó por su camino; mas Jehová cargó en él el pecado de todos nosotros. (Is. 53:6)

Nadie tiene que hacer nada para terminar en el infierno cuando muera. Lo único que tiene que hacer la persona es seguir caminando en la misma dirección que ha estado caminando desde que nació.

Al contrario, relativamente pocas personas encuentran el camino que lleva al cielo. De hecho, para encontrar ese camino, la persona tiene que dar un giro espiritual de 180 grados, que es el significado del término bíblico *arrepentimiento*. El arrepentirse *(metanoea)* significa "un cambio mental que lleva a un cambio de dirección". La persona no puede descubrir el camino correcto hasta que no haya reconocido que está andando por el camino equivocado. Jesús dijo claramente que Él es el único "Camino" que lleva a la vida eterna: "Yo soy el camino, y la verdad, y la vida; nadie viene al Padre, sino por mí" (Jn. 14:6).

Fíjese que Jesús dijo que al final del camino que lleva al infierno, así como al final del camino que lleva al cielo, hay una "puerta"; una es la puerta de entrada a la perdición eterna y la otra es la puerta de entrada a la salvación eterna. En ambos casos, la puerta se llama "juicio". El escritor de Hebreos declara una verdad concisa y solemne: "Está establecido para los hombres que mueran una sola vez, y después de esto el juicio" (Heb. 9:27).

Simplemente no podemos eludir el hecho de que cada uno de nosotros —tanto creyentes como no creyentes— enfrentaremos el juicio de Dios al final de nuestra vida en la tierra.

A menudo nos referimos a la "puerta" o el juicio para los no creyentes como "el juicio ante el gran trono blanco" y esta puerta lleva a la muerte eterna. (Examinaremos este juicio más detalladamente en el capítulo 9).

El apóstol Juan nos da una descripción aleccionadora de este juicio de todo no creyente en Apocalipsis 20:

> Y vi un gran trono blanco y al que estaba sentado en él, de delante del cual huyeron la tierra y el cielo, y ningún lugar se encontró para ellos. Y vi a los muertos, grandes y pequeños, de pie ante Dios; y los libros fueron abiertos, y otro libro fue abierto, el cual es el libro de la vida; y fueron juzgados los muertos por las cosas que estaban escritas en los libros, según sus obras. Y el mar entregó los muertos que había en él; y la muerte y el Hades entregaron los muertos que había en ellos; y fueron juzgados cada uno según sus obras. Y la muerte y el Hades fueron lanzados al lago de fuego. [...] Y el que no se halló inscrito en el libro de la vida fue lanzado al lago de fuego. (vv. 11-15)

Contrariamente a lo que muchos creen, los creyentes *no* están exentos del juicio de Dios. Al final de la vida de cada creyente también hay una "puerta" o juicio, pero es un juicio diferente a lo que enfrentarán los no creyentes. A menudo nos referimos a este juicio o evaluación como "el tribunal de Cristo". Pablo declaró de manera enfática:

> Porque es necesario que todos nosotros comparezcamos ante el tribunal de Cristo, para que cada uno reciba según lo que haya hecho mientras estaba en el cuerpo, sea bueno o sea malo. (2 Co. 5:10)

Este no es un juicio de condenación que conduce al infierno como lo es el juicio ante el gran trono blanco. Más bien, es una evaluación mediante la cual Dios felicitará al creyente y le dará galardones que influirán grandemente en el tipo de experiencia que tendrá en el cielo. (Estudiaremos esto en detalle en el capítulo 8).

Reflexionar acerca de la realidad del cielo nos recuerda que Dios nos juzgará al final de nuestra vida.

Nos incentiva a asegurarnos de que experimentaremos el juicio que conduce a los galardones de Dios, y no a la condenación.

3. Enfocarnos en el cielo nos motiva a vivir una vida de pureza

La mayoría de las entrevistas que hago para las noticias por cable se graban a última hora de la tarde o se llevan a cabo en vivo de noche. Esto significa que tengo que concentrarme en mantener mi ropa limpia durante el día. Meto una servilleta dentro del cuello de mi camisa al almuerzo para evitar mancharme la corbata. Si llego a ensuciarme la chaqueta de mi traje, inmediatamente la limpio con una toalla mojada. E inmediatamente antes de que la cámara empiece a rodar, una persona pasa un eliminador de pelusa sobre mi ropa. Es necesario hacer todo esto porque las luces brillantes y el equipo de televisión de alta definición son implacables y revelarán cualquier imperfección en mi vestido a millones de personas.

De la misma manera, llegará un día en que el "vestido", es decir, las acciones de cada creyente serán examinadas a la luz deslumbradora del juicio de Dios y será revelada cualquier imperfección. Ese "día" es el día de la venida de Cristo cuando "la obra de cada uno se hará manifiesta; porque el día la declarará" (1 Co. 3:13). Como veremos en el capítulo 8, el propósito de este juicio no es determinar el destino eterno del creyente, sino su galardón eterno.

La Biblia muchas veces usa la ropa como una metáfora de nuestra vida espiritual. Es útil entender que a menudo en la época bíblica, la gente solía usar dos túnicas diferentes: una interior que nadie veía (como la ropa interior que usamos hoy), y una túnica exterior que todos veían.

De igual manera, cada creyente usa dos prendas de vestir espirituales. Nuestra "túnica interior" es nuestra justicia judicial, es decir, la justicia que Dios nos da cuando confiamos en Cristo como nuestro Salvador. Pablo se refería a esta justicia judicial cuando expresó que, el día que finalmente se encontrara con Dios, quería "ser hallado en él, no teniendo mi propia justicia, que es por la ley, sino la que es por la fe de Cristo" (Flp. 3:9). Nuestra "prenda de vestir interior" del perdón de Dios es algo que recibimos de Él. No hay nada que podamos hacer para mejorarla, ensuciarla ni quitárnosla.

¡Pero nadie quiere andar por allí vestido solo de ropa interior! Es por eso que para estar debidamente vestidos tenemos que ponernos nuestra "túnica exterior". Esta "túnica exterior" representa la justicia ética del creyente; en otras palabras, la manera en que vivimos después de convertirnos. Nuestra justicia judicial se refiere a la justicia que Dios nos da, pero nuestra justicia ética se refiere a nuestra buena conducta después de ser salvos.

La Biblia compara la conducta del creyente después de ser salvo a estas prendas de vestir exteriores. A diferencia de nuestra prenda de vestir interior que es igual para todos, hay una gran variedad de vestidos exteriores que podemos ponernos; estos pueden ser elegantes o feísimos, limpios o inmundos. El apóstol Juan alienta a los creyentes a estar vestidos en sus mejores "prendas de vestir" cuando Cristo venga. Juan escribió: "Y a ella [la iglesia] se le ha concedido que se vista de lino fino, limpio y resplandeciente; porque el lino fino es las acciones justas de los santos" (Ap. 19:8).

Nunca se le ocurriría asistir a una boda formal y elegante vestido de bermudas y una camiseta sin mangas, ¿verdad? Más bien, se pondría su traje de chaqueta o su vestido más elegante para una ocasión tan especial. Sin embargo, aun si tuviera puesta ropa muy fina y costosa, ¡nadie la notaría si tuviera encima una inmensa mancha de sirope de chocolate!

Como creyentes, debemos adornar nuestra vida con las más finas "prendas de vestir", es decir, buenas obras, no para ganarnos el perdón de Cristo, sino para recibir sus recompensas cuando Él venga y consuma el "matrimonio" entre sí mismo y su iglesia. Debemos esmerarnos por mantener nuestra vida "limpia" y no manchar aquellas acciones justas con pecado.

Por supuesto que es más fácil decirlo que hacerlo. Vivimos en un mundo pecaminoso en el que la contaminación emana de nuestra cultura como desechos tóxicos que salen borboteando de un montón de basura. Al estar rodeados por todos lados con mensajes e imágenes de inmoralidad, rebeldía y maldad, se nos dificulta el mantener limpio nuestro carácter e impedir que se sature del hedor del pecado. Y a medida que pasa el tiempo, se nos dificulta cada vez más.

Uno de los mejores detergentes para mantener impecable nuestra vida es el mantener nuestros ojos enfocados en la promesa del cielo. El escritor de Hebreos dijo que Moisés, el príncipe privilegiado quien estuvo rodeado del lujo de Egipto, escogió "antes ser maltratado con el pueblo de Dios, que gozar de los deleites temporales del pecado [...]; porque tenía puesta la mirada en el galardón" que recibiría en el cielo (Heb. 11:25-27).

Moisés entendió que los placeres y los tesoros de este mundo no duran sino un momento. A su debido tiempo, serán consumidos con el resto de la creación, como dijo Pedro:

> Pero el día del Señor vendrá como ladrón en la noche; en el cual los cielos pasarán con grande estruendo, y los elementos ardiendo serán deshechos, y la tierra y las obras que en ella hay serán quemadas. (2 P. 3:10).

Luego Pedro dijo: "Puesto que todas estas cosas han de ser deshechas, ¡cómo no debéis vosotros andar!" (v. 11) La respuesta es muy sencilla: debemos tener una "santa y piadosa manera de vivir" (v. 11). Randy Alcorn explica por qué el enfocarse en el cielo puede ser una motivación tan poderosa para buscar ser puros en esta vida:

> Si la fecha de mi boda ya se ha fijado en el calendario, y estoy pensando en la persona con la que me voy a casar, yo no debería ser un blanco fácil para la seducción. De igual manera, cuando he meditado en el cielo, el pecado no me apetece en absoluto. Es cuando mi mente se distrae y deja de estar fijada en el cielo que el pecado me atrae. Pensar en el cielo nos lleva inevitablemente a buscar ser santos. Nuestra tolerancia alta para el pecado es testimonio de que no nos estamos preparando para el cielo.[17]

4. Enfocarnos en el cielo pone en perspectiva el sufrimiento

Una de las preguntas que la gente más me hace como pastor es: "¿Por qué permitió Dios que... (algún acontecimiento horrendo en su vida) pasara?" Dios nunca contesta por completo la pregunta del "por qué" con respecto al sufrimiento. Sin embargo, nos ha dado la promesa del cielo con el fin de poner en perspectiva el sufrimiento. El apóstol Pablo, quien sabía bien lo que era sufrir, dijo confiadamente:

> Porque esta leve tribulación momentánea produce en nosotros un cada vez más excelente y eterno peso de gloria; no mirando nosotros las cosas que se ven, sino las que no se ven; pues las cosas que se ven son temporales, pero las que no se ven son eternas. (2 Co. 4:17-18)

Aunque Pablo había naufragado, había sido encarcelado y golpeado hasta casi morir en cinco ocasiones diferentes, él describió estas experiencias horrendas como "momentáneas" y "leves". ¿Cómo podía Pablo decir tal cosa? ¿Sufría el apóstol de amnesia? No; su sufrimiento solo podría considerarse "momentáneo" y "leve" al compararlo con el "eterno peso" del futuro que Dios le tenía reservado.

Por ejemplo, usted puede estar pasando por una dificultad que le parece que no terminará nunca. Sin embargo, cuando se compara con la duración de la eternidad, no es sino "momentánea". ¿Qué tan larga es la eternidad? Un escritor imagina un ave que viene una vez cada millón de años a afilar su pico en la cima del monte Everest. Para el momento en que esa ave haya logrado desgastar esa imponente montaña hasta el punto de que no queda nada, ¡la eternidad ni siquiera habría empezado! El tiempo de nuestro sufrimiento en la tierra es "momentáneo" cuando se compara con la eternidad de nuestro hogar en el cielo.

Nuestras aflicciones —por insoportables que parezcan— en realidad son "leves" cuando se comparan con el "peso" del cielo. Considere lo siguiente: ¿diría usted que un bloque de concreto que pesa dos mil libras es liviano o pesado? Comparado con una pluma, definitivamente es pesado. Pero comparado con un avión a reacción completamente lleno de combustible, ese bloque de concreto es liviano.

De igual manera, las dificultades más horrendas que experimentamos en esta vida son leves cuando se comparan con el futuro indescriptible que Dios nos está preparando en ese lugar llamado cielo. Teresa de Ávila observó: "A la luz del cielo, el peor sufrimiento en la tierra, una vida llena de las más atroces torturas en la tierra, no se considerará más grave que el pasar una noche en un hotel inconveniente".[18] Enfocarnos en la esperanza del cielo no elimina el sufrimiento en esta vida, pero sí nos ayuda a poner nuestro sufrimiento en perspectiva.

El cielo es la promesa de que al final Dios pondrá todo en orden, y que algún día satisfará nuestros anhelos más profundos. Aunque la promesa de Dios todavía está en el futuro, debería marcar una inmensa diferencia en nuestra vida hoy. Como explicó Alcorn: "Si captamos este concepto [del cielo], moverá nuestro centro de gravedad y cambiará radicalmente nuestra perspectiva de la vida".[19] Esta es la esperanza del cielo: que *toda* la creación recibirá lo que ha deseado por tanto tiempo: la liberación de la opresión aplastante del pecado.

> Porque el anhelo ardiente de la creación es *el aguardar* la manifestación de los hijos de Dios. Porque la creación fue sujetada a vanidad, no por su propia voluntad, sino por causa del que la sujetó en esperanza; porque también la creación misma será libertada de la esclavitud de corrupción, a la libertad gloriosa de los hijos de Dios. Porque sabemos que toda la creación gime a una, y a una está con dolores de parto hasta ahora; y no sólo ella, sino que también nosotros mismos, que tenemos las primicias del Espíritu, nosotros también gemimos dentro de nosotros mismos, *esperando* la adopción, la redención de nuestro cuerpo. Porque en esperanza fuimos salvos; pero la esperanza que se ve, no es esperanza; porque lo que alguno ve, ¿a qué esperarlo? Pero si esperamos lo que no vemos, *con paciencia lo aguardamos*. (Ro. 8:19-25)

La manera en que aguardamos este "lugar llamado cielo", ya sea con entusiasmo o ansiedad, ya sea viviendo enfocados en el cielo o no enfocados en él, es importante, tanto ahora como en el futuro. Lo que hacemos en la tierra hoy reverbera en los pasillos del cielo para siempre.

2

¿ES EL CIELO UN LUGAR REAL O ES UN ESTADO MENTAL?

En la casa de mi Padre muchas moradas hay; si así no fuera, yo os lo hubiera dicho; voy, pues, a preparar lugar para vosotros.

Juan 14:2

Una mañana a principios de 1971, el famoso Beatle, John Lennon, se sentó a tocar su piano Steinway y compuso lo que llegaría a ser uno de sus más grandes éxitos, y un himno de esa época: "Imagine" [Imagina]. Al rendir homenaje a los ideales de un mundo utópico, Lennon nos pidió que imagináramos que no existía el cielo ni el infierno.

Siendo una persona que incursionó en el hinduismo, pero que en la práctica vivió como ateo, no era difícil para John Lennon imaginar que no existiera un cielo. Del hinduismo, Lennon aprendió que todo es dios y dios es todo, y que el cielo está en todas partes y en ninguna parte a la vez. Según esta creencia, la única esperanza a la hora de la muerte es el interrumpir el ciclo de la reencarnación, que permite a todos una nueva oportunidad, y ser absorbido por la mente universal que lo es todo.

Del ateísmo, Lennon aprendió que Dios es nada y que nadie es Dios, y que el cielo no está en ninguna parte porque no existe: en lo alto no hay sino el firmamento. Tal vez esta conclusión austera es lo que llevó a Lennon a imaginar que no hay infierno y que debajo de nosotros no hay sino tierra. Después de todo, imaginar que no hay infierno es la única esperanza que tienen los ateos.

Por supuesto que las reflexiones de Lennon no responden a la pregunta de que si el cielo es real o simplemente una proyección mental —un estado mental— para aquellos que necesitan la idea del cielo como una muleta para ayudarlos a enfrentar las duras realidades de la vida. Imaginar que el cielo no es real no hace que este deje de existir, de la misma manera que imaginar que es un nabo no hace que la persona se convierta en una verdura. La verdad no es la suma de nuestra imaginación. El simple hecho de que los escépticos imaginen que no existe el cielo, no hace que sea así.

Por supuesto que los ateos se apresuran a señalar que el hecho de que nosotros sí podamos imaginarnos el cielo, tampoco hace que sea así. Esto es cierto. Pero por mucho tiempo los ateos han supuesto que los creyentes simplemente *se imaginan* la realidad del cielo; han aseverado que los que tienen fe viven en un mundo de fantasía al esperar con ansias un cielo que no existe. Sostienen que "si no se puede comprobar científicamente, entonces no debe de existir".

Pero como dice mi amigo David Jeremiah ante este argumento: "El cielo no es producto de la imaginación; tampoco es un sentimiento, ni un estado mental, ni la invención del hombre. El cielo es un lugar literal que preparó Cristo para un pueblo preparado".[20] Esta es la verdad que estudiaremos en este capítulo: la realidad del cielo.

El cielo es real

La definición más básica del cielo es que es "la morada de la deidad [de Dios]".[21] Si aceptamos esta definición, podemos suponer que Dios es el único experto en la materia. Por lo tanto, si queremos saber si el cielo es real o simplemente un estado mental, debemos recurrir al libro de Dios, la Biblia, para contestar esta pregunta.

La respuesta más contundente a la interrogante de que si el cielo es real o no se encuentra en Juan 14. Pero antes de leer esta escritura, es importante entender su trasfondo.

Cuatro días habían pasado desde la entrada triunfal de Jesús a Jerusalén. En las últimas horas de su vida terrenal, Jesús se sentó con Sus discípulos a comer una última cena de Pascua. En algún momento durante la comida, Jesús se levantó, se ató una toalla a la cintura y empezó a lavar los pies de los discípulos. Al terminar de hacer esto, declaró: "Uno de vosotros me va a entregar" (Jn. 13:21). Luego dijo:

> Hijitos, aún estaré con vosotros un poco [...]: A donde yo voy, vosotros no podéis ir. Un mandamiento nuevo os doy: Que os améis unos a otros; como yo os he amado, que también os améis unos a otros. (vv. 33-34)

Fue una noche perturbadora. Jesús estaba perturbado debido a lo que tenía por delante: la traición de Judas, la oración desgarradora en el huerto de Getsemaní, el arresto, las palizas, los juicios y la crucifixión. Los discípulos estaban perturbados porque no sabían lo que les depararía el futuro, especialmente dado que Jesús hablaba cada vez más de Su muerte inminente.

El corazón de los discípulos latía con fuerza en su pecho, y sus preguntas retumbaban en su mente: ¿La muerte de Jesús significará el fin del movimiento del cual hemos sido parte durante los últimos tres años? ¿Lo volveremos a ver? ¿La muerte de nuestro líder *ocasionará también nuestra muerte?* Nada de esto tenía sentido; era todo muy inquietante.

Pero Jesús los tranquilizó al decirles palabras que nos son muy familiares. Aunque en ese momento no podrían acompañarlo en su regreso al Padre, a su tiempo, Jesús regresaría por ellos y los llevaría al cielo, a "la casa de mi Padre".

> No se turbe vuestro corazón; creéis en Dios, creed también en mí. En la casa de mi Padre muchas moradas hay; si así no fuera, yo os lo hubiera dicho; voy, pues, a preparar lugar para vosotros. Y si me fuere y os preparare lugar, vendré otra vez, y os tomaré a mí mismo, para que donde yo estoy, vosotros también estéis. (Jn. 14:1-3)

Cuando Jesús les habló a sus discípulos de "la casa de mi Padre", no estaba hablando de un lugar que no "existe" sino en el mundo de fantasía de nuestra mente.

Jesús usó lenguaje que describía un sitio verdadero. La palabra griega *topos* (lugar) se usa dos veces en Juan 14:2-3. Esta palabra es la raíz de nuestra palabra *topografía*, el acto de describir y representar en un plano el relieve real de un terreno. Cuando se usa en el Nuevo Testamento, *topos* casi siempre indica un espacio localizable y habitado. En algunos contextos se refiere a una ciudad o región;[22] en otras se refiere a una residencia individual, una casa o habitación, como es el caso en Juan 14:2-3.

Pero no es solo la palabra *topos* que nos indica que el cielo es real. Jesús también dijo: "En la casa de mi Padre muchas *moradas* hay" (v. 2). La palabra griega para "morada" es *mone* y también se puede traducir como "hábitat", "lugar de alojamiento" o "domicilio".[23] Cada una de estas palabras describe algo que es real y físico.

Cuando Amy y yo empezamos nuestra familia y nacieron mis dos hijas, teníamos un cuarto de bebé para ellas. Pero cuando crecieron lo suficiente, cada niña llegó a tener su propia habitación, un lugar que podía pintar y decorar como quisiera, y en donde pudiera jugar y estudiar (¡más jugar que estudiar!). Cada una tenía un lugar real y físico dentro de nuestro hogar que le pertenecía. Eso es lo que Jesús está preparando para cada uno de nosotros: un lugar físico donde podremos vivir por toda la eternidad. Es un lugar tan maravilloso que no nos lo podemos imaginar.

Si el que Jesús haya usado las palabras "lugar" y "morada" no es suficiente como para comprobar la realidad del cielo, Él dijo dos veces: "voy, pues, *a preparar* lugar para vosotros" (vv. 2-3). El hecho de ir y preparar un lugar denota algo tangible, no intangible. El hecho de "ir" se refiere a la muerte, la resurrección y la ascensión de Jesús. Luego, después de dar instrucciones finales a Sus discípulos, el registro bíblico dice:

> Y habiendo dicho estas cosas, viéndolo ellos, [Jesús] fue alzado, y le recibió una nube que le ocultó de sus ojos. Y estando ellos con los ojos puestos en el cielo, entre tanto que él se iba, he aquí se pusieron junto a ellos dos varones con vestiduras blancas, los cuales también les dijeron: Varones galileos, ¿por qué estáis mirando al cielo? Este mismo Jesús, que ha sido tomado de vosotros al cielo, así vendrá como le habéis visto ir al cielo. (Hch. 1:9-11)

La ascensión de Jesús tuvo lugar en el Monte de los Olivos, fuera de los muros de Jerusalén, un lugar físico y geográfico donde he estado muchas veces. Cuando Jesús ascendió desde este lugar real (el Monte de los Olivos), ¿a dónde fue? No tiene sentido decir que Jesús partió de la tierra y ascendió a un estado mental metafísico. Jesús se fue de un lugar geográfico (el Monte de los Olivos) a otro lugar geográfico (el cielo). Y es en el cielo que Jesús está preparándonos un lugar. Jesús prometió: "Y si me fuere y os preparare lugar, vendré otra vez, y os tomaré a mí mismo, para que donde yo estoy, vosotros también estéis" (Jn. 14:3).

¿Dónde queda este "lugar llamado cielo"?

Durante todo Su ministerio terrenal, Jesús dijo claramente que la creencia en Él, en Su muerte y Su resurrección, constituye el camino que lleva al cielo. Después de todo el tiempo que los discípulos pasaron con Jesús, debían saberlo, y por eso Jesús les dijo: "Y sabéis a dónde voy, y sabéis el camino" (v. 4). Pero no lo sabían. No entendían plenamente que "la casa de mi Padre" era el cielo (el lugar), y que para llegar allá necesitaban tener fe en Cristo (el Camino). Así que Tomás preguntó: "Señor, no sabemos a dónde vas; ¿cómo, pues, podemos saber el camino?" (v. 5). En otras palabras, si no sabemos el destino, no podemos saber cómo llegar ahí.

Para ayudarlos a recalibrar sus GPS espirituales, Jesús les dijo a Sus discípulos: "Yo soy el camino, y la verdad, y la vida; nadie viene al Padre, sino por mí" (v. 6). El único camino al cielo es a través de la fe en Cristo.[24] Pero ¿dónde exactamente está el cielo? Jesús no nos lo dice, pero la Biblia posiblemente nos ofrezca una pista.

La Escritura parece indicar que el cielo es un lugar "arriba". ¿Cómo lo sabemos? Aunque Satanás generalmente no es una fuente de información fidedigna, de vez en cuando sus palabras reflejan la verdad. Recuerde que originalmente Satanás era el ángel de Dios de mayor rango, llamado Lucifer. Luego, al estar descontento con su rango de segundo al mando, Lucifer decidió montar una rebelión contra la autoridad de Dios, e intentó tomar para sí el título de "gobernante soberano". El grito de guerra de Lucifer en contra de Dios incluía las siguientes palabras:

> *Subiré* al cielo; *en lo alto*, junto a las estrellas de Dios, *levantaré* mi trono. (Is. 14:13)

Cada una de las frases "subiré", "junto a las estrellas" y "levantaré" indican que el cielo queda hacia arriba. Como ya hemos visto en Hechos 1:9-11, cuando Jesús se fue de la tierra al cielo, subió hacia arriba, hacia el firmamento. Lucas, el autor de Hechos, escribió que Jesús fue "alzado, y le recibió una nube" (1:9), y que los discípulos lo estaban mirando "con los ojos puestos en el cielo" (v. 10). Cuando los dos ángeles dirigieron la palabra a los discípulos, preguntaron: "¿Por qué estáis mirando al cielo? Este mismo Jesús, que ha sido tomado de vosotros al cielo, así vendrá como le habéis visto ir al cielo". Esto quiere decir que Jesús *bajará* del cielo en Su segunda venida (v. 11).

Tanto los santos ángeles de Dios como Lucifer indican que el cielo queda en un lugar "arriba". Consideremos también que Pablo dice que Jesús es "el que descendió" en su humanidad y también el que "subió por encima de todos los cielos" (Ef. 4:10). Por encima de nosotros hay más que el firmamento; ahí está la morada de Dios.

Pero cuando las personas se preguntan dónde está el cielo, generalmente quieren saber más que el solo hecho de que queda hacia arriba. Están preguntando acerca del plano en el cual existe el cielo. Desean saber si el cielo forma parte de nuestro universo, el cual existe dentro del espacio y del tiempo, tal vez muy lejos, pero todavía en un lugar que se puede encontrar. ¿O será que el cielo existe en una dimensión completamente diferente, fuera y más allá del tiempo y del espacio (así como la "quinta dimensión, más allá de lo que es conocido para el hombre" que se describe en la clásica serie de televisión *La dimensión desconocida*)?

Para contestar esa pregunta, necesitamos distinguir entre el cielo presente donde reside Dios y el cielo futuro que Jesús está construyendo para nosotros. El cielo presente —que los teólogos a veces llaman el "estado intermediario"— es donde los creyentes van inmediatamente después de morir para disfrutar de la presencia de Dios, como lo describe Pablo: "Pero confiamos, y más quisiéramos estar ausentes del cuerpo, y presentes al Señor" (2 Co. 5:8).

El cielo futuro es el lugar en el que todos los creyentes pasarán la eternidad algún día, y este cielo futuro todavía está en construcción. Es el "lugar" que Jesús nos está preparando ahora mismo, y su ubicación final tal vez lo sorprenda, como veremos en la próxima sección.

La idea de un cielo presente y un cielo futuro puede ser confusa. Pero imagíneselo de la siguiente manera: las parejas que piensan jubilarse algún día a veces compran un terreno al lado de un lago, en las montañas o cerca del mar y empiezan a construir allí una casa. Tal vez sigan viviendo en la casa que ya tienen o se muden a un apartamento mientras su futura casa de retiro está en construcción. Es posible que vivan actualmente en una casa maravillosa, llena de lujo y comodidad, pero esta no es sino temporaria. Se pudiera decir que la pareja está en un "estado intermediario" a medida que esperan que se termine de construir su futuro hogar. De igual manera, los que están ahora en el cielo (el presente cielo) están disfrutando de una maravillosa vida en la presencia de Dios mientras esperan que se termine de construir su casa final, en la que vivirán para siempre (el cielo futuro).

Ya que esta verdad acerca de un cielo presente y uno futuro es una sorpresa para muchos creyentes, miremos más de cerca la diferencia entre ambos.

El cielo presente

Los teólogos a menudo señalan que la Biblia menciona tres cielos. El primer cielo es la atmósfera de la tierra. Contiene el aire que respiramos y el espacio en el que vuelan los pájaros y los aviones. El segundo cielo es lo que muchas veces llamamos "el espacio ultraterrestre", en donde existen los planetas, las estrellas y miles de millones de galaxias que ocupan este vasto universo.

El tercer cielo representa la presencia de Dios. Es donde todos los creyentes van inmediatamente cuando mueren. (Examinaremos esto con más detalles en el capítulo 4). A veces se le llama el Paraíso, el lugar al que Jesús le aseguró al ladrón en la cruz que iría tan pronto muriera. En un momento de su vida, Pablo fue arrebatado a este tercer cielo, donde oyó "palabras inefables" (2 Co. 12:4). Cuando la mayoría de los creyentes hablan del cielo, es a este cielo que se refieren: el cielo que queda "arriba". Este es el cielo presente al que me referí en la última sección.

El cielo futuro

Pero también hay un cuarto cielo, un futuro "cielo" que Dios nos está preparando ahora mismo. Es aquí que se encuentra nuestro futuro hogar, en el cual viviremos para siempre, y es un lugar geográfico. Este cuarto cielo incluye el "cielo nuevo" y la "tierra nueva" y la "nueva Jerusalén" que, según dijo Juan en Apocalipsis 21–22, descendió del tercer cielo a la tierra recién creada. El cuarto cielo será literalmente "el cielo en la tierra". Este cielo futuro será el lugar en el que viven todos los creyentes —los santos tanto del Antiguo Testamento como del Nuevo Testamento, todos los creyentes desde la época de la muerte y la resurrección de Jesús hasta la fecha— por toda la eternidad.

En algún momento en el futuro, el cielo presente —donde están Dios, los ángeles y todos los creyentes que han muerto— será combinado con el cielo futuro: el cielo nuevo, la tierra nueva y la nueva Jerusalén. Esto no se llevará a cabo hasta después del rapto, los siete años de la tribulación, la batalla de Armagedón, el reino milenario y el juicio ante el gran trono blanco, así como lo dice la Escritura.[25]

El apóstol Juan registró en su visión del fin de los tiempos que vio "un cielo nuevo y una tierra nueva; porque el primer cielo y la primera tierra pasaron [...]. Y yo Juan vi la santa ciudad, la nueva Jerusalén, descender del cielo, de Dios, dispuesta como una esposa ataviada para su marido" (Ap. 21:1-2).

¿Cómo serán este cielo nuevo, esta tierra nueva y la nueva Jerusalén? Antes de contestar esta pregunta, primero debemos entender lo que significa la palabra "nuevo" aquí.

¿Qué significa "nuevo" en realidad?

¿Qué quiso decir Juan cuando escribió que vio "un cielo *nuevo* y una tierra *nueva*; porque el primer cielo y la primera tierra pasaron" (v. 1)? ¿Esto quiere decir que Dios remplazará el primer y el segundo cielo (la atmósfera de la tierra y el espacio ultraterrestre) y la tierra que conocemos con un cielo y una tierra nuevas que Él ha recreado? Pareciera ser así, por lo menos, según lo que dice el apóstol Pedro:

> Pero los cielos y la tierra que existen ahora, están reservados por la misma palabra, guardados para el fuego en el día del juicio y de la perdición de los hombres impíos. Pero el día del Señor vendrá como ladrón en la noche; en el cual los cielos pasarán con grande estruendo, y los elementos ardiendo serán deshechos, y la tierra y las obras que en ella hay serán quemadas. Puesto que todas estas cosas han de ser deshechas, ¡cómo no debéis vosotros andar en santa y piadosa manera de vivir, esperando y apresurándoos para la venida del día de Dios, en el cual los cielos, encendiéndose, serán deshechos, y los elementos, siendo quemados, se fundirán! Pero nosotros esperamos, según sus promesas, cielos nuevos y tierra nueva, en los cuales mora la justicia. (2 P. 3:7, 10-13)[26]

Tanto Juan (en Ap. 21) como Pedro (en 2 P. 3) usan la misma palabra griega para "pasar": *parerchomai.* Pero Pedro también describe lo que significa que la tierra y los sistemas solares, junto con sus componentes más básicos ("los elementos") pasen. "Los elementos ardiendo serán deshechos, y [...] serán quemadas" (v. 10). Y por si no quedó claro la primera vez, Pedro repite: "Los cielos, encendiéndose, serán deshechos, y los elementos, siendo quemados, se fundirán" (v. 12). Juan probablemente quiso decir lo mismo cuando escribió en Apocalipsis 21:1: "El primer cielo y la primera tierra pasaron".

Las Escrituras no nos dicen exactamente cómo Dios hará que el universo se queme, pero los teólogos y los científicos hacen conjeturas acerca de la intensidad de calor que se requeriría para destruir la tierra. Algunos piensan que un holocausto nuclear, así como Nagasaki e Hiroshima —pero tan poderoso que no nos lo podemos imaginar— podría incinerar el universo. Las explosiones nucleares producen un calor de millones de grados, lo cual definitivamente explicaría cómo "los elementos, siendo quemados, se fundirán".

Otros creen que un asteroide gigante de cincuenta o sesenta millas de ancho que choca con la tierra pudiera ser el catalizador que lleva a la destrucción del planeta, tal vez como la descripción que da Juan de uno de los juicios al final de la tribulación: "Y cayó del cielo sobre los hombres un enorme granizo como del peso de un talento" (Ap. 16:21).

Pero todas estas ideas no son sino conjeturas, algo acerca de lo cual los científicos pueden disfrutar de reflexionar. Lo cierto es que no sabemos cómo Dios destruirá los cielos y la tierra. Sin embargo, como Él creó el universo al decir solo una palabra, no le sería difícil destruirlo con una sola palabra.

Pero, ¿por qué necesita Dios destruir los cielos viejos y la tierra vieja para crear un cielo nuevo y una tierra nueva? Dios creó los cielos y la tierra existentes como lo registra Génesis 1 y dijo que eran "buenos". Pero el pecado lo echó todo a perder. Así como dejar un Corvette clásico de 1955 a la intemperie lo convertiría en una carraca oxidada, el pecado corrompió tanto nuestro ambiente físico que Dios quiere crear un modelo nuevo y mejor, uno en el que more la justicia perfecta.

En algunas de las zonas más pudientes de Dallas, la ciudad donde vivo, no es raro que las personas adineradas compren casas viejas y las arrasen junto con sus cimientos, hasta que solo queda tierra. Estas casas no son casuchas destartaladas; la mayoría de las veces son estructuras antiguas y muy bellas con ebanistería fina y hermosos vitrales de confección artesanal minuciosa. Entonces, ¿por qué demoler una casa antigua que está perfectamente bien? Porque los dueños desean algo más grande y más nuevo.

Dios va a hacer algo similar con los cielos y la tierra viejos. Y cuando esto suceda —después del juicio ante el gran trono blanco y antes de que los creyentes entren a la Nueva Jerusalén— Dios habrá cumplido su promesa en Isaías 65:17: "Porque he aquí que yo crearé nuevos cielos y nueva tierra; y de lo primero no habrá memoria, ni más vendrá al pensamiento".

La "tierra nueva" comparada con la tierra presente

Al final, no subiremos al cielo, dejando atrás esta tierra para siempre, sino que Dios hará descender el cielo nuevo a una tierra recién creada. Esta nueva tierra se parecerá a nuestra tierra presente de muchas maneras, pero también será mejorada en gran manera.

Esta tierra nueva —así como la vieja— será *física* (Ap. 21). Los creyentes resucitados con un cuerpo nuevo —un cuerpo como el de Jesús después de su resurrección— necesitan un hogar físico. Los espíritus sin cuerpo tal vez pudieran vivir en una dimensión espiritual etérea, pero los seres humanos con forma física necesitan una dimensión terrenal y física. Y Dios creará un lugar así, un lugar físico apto para seres con un cuerpo físico transformado.

La tierra nueva no solo será física, sino también familiar. Francamente, a muchos creyentes no les entusiasma la idea de ir al cielo porque creen que el cielo será completamente diferente de cualquier cosa que jamás han experimentado. Tendemos a ser animales de costumbres —yo definitivamente lo soy— y es difícil sentir entusiasmo por algo que no nos es familiar. El ir al cielo —a la tierra nueva— no será como mudarse de su pueblo o ciudad natal a un país extranjero donde no conoce las calles ni los vecindarios.

Como solía decir mi predecesor y pastor de larga data, el doctor W. A. Criswell: "No esperaría ansiosamente que Dios me enviara a vivir por toda la eternidad en algún planeta acerca del cual no sé nada, que queda a cien millones de millas de distancia. Me gusta casi todo de la tierra. Lo único que no me gusta son las lágrimas, la separación y el dolor. Pero ya no habrá esas cosas en el cielo".

¡Así es! Juan oyó una voz que decía: "Enjugará Dios toda lágrima de los ojos de ellos; y ya no habrá muerte, ni habrá más llanto, ni clamor, ni dolor; porque las primeras cosas pasaron" (Ap. 21:4). La maldición que cayó sobre el mundo presente (la cual se describe en Génesis 3) será quitada y toda la humanidad redimida disfrutará del mundo como Dios originalmente lo creó. Los que viven en la tierra nueva experimentarán una comunión ininterrumpida con Dios y unos con otros y serán unidos por lazos de amor no contaminados por el pecado.

Uno de los cambios más notorios en la tierra nueva será la ausencia de los mares. Cuando Juan vio su visión del cielo nuevo y la tierra nueva, dijo que "el mar ya no existía más" (Ap. 21:1). Sabemos que de la capital de la tierra nueva, la Nueva Jerusalén, brotará agua fresca y vivificadora (Ap. 22:1), pero no está bien claro por qué en la tierra nueva no habrá mares. Algunos piensan que la ausencia de mares se debe a que esto permitirá que haya más espacio para los habitantes del cielo, ya que los mares ocupan tres cuartos de la superficie de nuestro planeta actual.[27] Otros opinan que ya que los mares se componen de sal, el cual es un conservante, ya no harán falta puesto que en la tierra nueva, no existirá la descomposición.[28]

A veces me pregunto si me hará falta sentir el aire marino en la cara y la arena entre los dedos de los pies, de los cuales disfruto durante mis vacaciones anuales en la playa. Pero estoy seguro de que —sea cual sea la razón por la cual Dios dejará de recrear los mares— ¡mi primer día en la tierra nueva hará que todas mis vacaciones en la tierra vieja en conjunto parezcan una estadía prolongada en un motel barato y mal mantenido!

Los mares no serán lo único que no existirá en el mundo nuevo. Los cielos nuevos tampoco tendrán sol y luna. Juan escribió: "La ciudad no tiene necesidad de sol ni de luna que brillen en ella" (21:23).

El cielo no tiene necesidad de estas fuentes de luz porque Jesús, la Luz del Mundo, iluminará la Nueva Jerusalén durante toda la eternidad. En el cielo nuevo y la tierra nueva será siempre de día, "pues allí no habrá noche" (Ap. 21:25; 22:5), lo cual cumplirá la profecía de Isaías:

> El sol nunca más te servirá de luz para el día, ni el resplandor de la luna te alumbrará, sino que Jehová te será por luz perpetua, y el Dios tuyo por tu gloria. (Is. 60:19)

Ya que la gloria de Cristo brillará allí, el cielo será un lugar perfectamente seguro, de lo cual hablaremos con más detalles en la próxima sección.

No solo dejarán de existir los mares y la oscuridad en la tierra nueva, ¡sino que tampoco harán falta los predicadores como su servidor! Los predicadores tienen dos responsabilidades principales: proclamar el evangelio y condenar el pecado. Pero ya que "la tierra será llena del conocimiento de la gloria de Jehová" (Hab. 2:14) y "no habrá más maldición" (Ap. 22:3), me tocará conseguir un trabajo nuevo. La tierra nueva estará impregnada de amor por Dios y dedicación a Él, y ya no sentiremos el aguijón del pecado que sentimos a diario en este mundo. Más bien, nuestra vida será llena de gozo eterno e ininterrumpido.

La capital de la tierra nueva: la Nueva Jerusalén

Cuando Jesús les dijo a sus discípulos que iba a regresar a la casa de su Padre para preparar un lugar para ellos, el lugar que tenía en mente era una ciudad que será el foco de atención de la tierra nueva: la Nueva Jerusalén. Esta es la misma ciudad que Abraham tanto deseó encontrar: "porque esperaba la ciudad que tiene fundamentos, cuyo arquitecto y constructor es Dios" (Heb. 11:10).

La Nueva Jerusalén —"la ciudad de mi Dios" (Ap. 3:12)— es una ciudad real y física que está construyendo Jesús en el tercer cielo presente; es la morada de Dios. Suelo decir que ¡la Nueva Jerusalén es lo máximo en viviendas prefabricadas! Se está construyendo en un lugar, pero será transportada a otro lugar. Después de la recreación de los cielos nuevos y la tierra nueva, la Nueva Jerusalén descenderá del tercer cielo y se posará sobre la tierra recreada:

> Y [...] vi la santa ciudad, la nueva Jerusalén, descender del cielo, de Dios, dispuesta como una esposa ataviada para su marido. Y [el ángel] me llevó en el Espíritu a un monte grande y alto, y me mostró la gran ciudad santa de Jerusalén, que descendía del cielo, de Dios. (21:2, 10)

Aunque la Nueva Jerusalén es una ciudad real, que tiene edificios, calles y residencias ocupadas por personas que están involucradas en actividades bulliciosas, eventos culturales y adoración, será distinta a cualquier ciudad que jamás hayamos visto.

Su tamaño es sobrecogedor. Para muchos, el tamaño gigantesco de la Nueva Jerusalén es su característica más notable. En Apocalipsis 21:16, Juan describe un ángel con una caña de medir de oro quien mide la anchura, la longitud y el alto de esta ciudad en forma de cubo, ¡y encuentra que mide mil quinientas millas![29] Según estas medidas, la superficie de la ciudad sería de dos millones de millas cuadradas. En comparación, la ciudad de Nueva York no mide sino unas insignificantes 305 millas cuadradas.[30] Con un área de ese tamaño, si colocáramos la Nueva Jerusalén en medio de los Estados Unidos, sus fronteras se extenderían desde Canadá a México y desde los montes Apalaches hasta California.

La altura de la ciudad también es alucinante. Si la altura promedio de cada piso de un rascacielos es de doce pies (3.6 metros), la Nueva Jerusalén tendrá 660 000 pisos. En comparación, el edificio más alto del mundo, Burj Khalifa en Dubai, tiene 2717 pies (828 metros) de altura y solo 163 pisos. El One World Trade Center, el cual reemplazó las torres gemelas en la ciudad de Nueva York, tiene solamente 1776 pies (541 metros) de alto, con 104 pisos. Y como si no fuera poco, el espesor de los muros de la ciudad celestial es "sesenta y cinco metros" (72 pies) (Ap. 21:17, NVI), ¡lo cual equivale a casi tres cuartos del largo de un campo de fútbol americano!

Tales medidas alucinantes han llevado a muchos a creer que las dimensiones de la Nueva Jerusalén son simbólicas y no literales, pero no hay ninguna razón para pensar que estas medidas sean figurativas. De hecho, Juan se esforzó por decir que las dimensiones que mencionaba eran "de medida de hombre" (v. 17).

Pensándolo bien, una ciudad grande y espléndida hecha con piedras preciosas, perlas grandes y oro puro es una ciudad digna de nuestro glorioso Creador. Dios ha creado algunos objetos bien grandes —por ejemplo, el monte Everest, el océano Pacífico y nuestra galaxia, la Vía Láctea— pero más allá de eso, Dios también es un Dios de belleza. Considere, por ejemplo, una puesta de sol sobre el mar, un amanecer visto desde una montaña, los pequeños pies de un recién nacido o una novia caminando al altar. Si Dios le confirió tal belleza a nuestro mundo caído, ¿se imagina con qué esplendor dotará la ciudad celestial que nos está preparando para que vivamos allí durante toda la eternidad?

Además, la Nueva Jerusalén tiene que ser lo suficientemente grande como para tener cabida para los redimidos de todas las épocas. No sabemos cuántos residentes vivirán en la Nueva Jerusalén —solo Dios lo sabe— pero el teólogo Ron Rhodes escribió:

> Un matemático calculó que si la Nueva Jerusalén tiene forma de cubo, tendría suficiente espacio para 20 mil millones de residentes si cada residencia individual tuviera una superficie vasta de 75 acres (30 hectáreas). También sobraría bastante lugar para que hubiera parques, calles y otros sitios típicos de toda ciudad grande.[31]

La ciudad "tenía un muro grande y alto con doce puertas", tres dando al norte, tres dando al sur, tres al este y tres al oeste (Ap. 21:12-13). Cada puerta tiene inscrito el nombre de una de las tribus de Israel. Y en cada puerta está apostado un ángel. Los muros, las puertas y los ángeles —aunque muy reales— simbolizan *la protección* eterna contra Satanás, los demonios y los no creyentes.

Las puertas en las ciudades antiguas siempre se cerraban de noche para proteger a los ciudadanos que dormían dentro de la ciudad. Esta práctica sigue hasta el día de hoy. Las comunidades cercadas cierran con llave su entrada de noche. Aun "el lugar más feliz del mundo", Disneylandia, cierra sus puertas con llave cada noche después de que hayan salido los visitantes. Pero en la Nueva Jerusalén, las puertas nunca se cierran. No necesitan cerrarse ya que Satanás y sus seguidores nunca podrán agredir al pueblo de Dios ni atacar su ciudad ya que han sido consignados eternamente al lago de fuego.

> Sus puertas nunca serán cerradas de día, pues allí no habrá noche. No entrará en ella ninguna cosa inmunda, o que

> hace abominación y mentira, sino solamente los que están inscritos en el libro de la vida del Cordero. (vv. 25, 27)

Mi hermano, quien es policía también tendrá que encontrar otro trabajo ya que no habrá un DPC (Departamento de Policía Celestial). En el cielo no habrá prisiones, tribunales ni abogados. No habrá necesidad de cerrar las puertas del cielo, ni tampoco las puertas de nuestros hogares nuevos para mantener fuera a los malhechores. No habrá malhechores que necesitan ser arrestados, defendidos ni encarcelados en el cielo nuevo y la tierra nueva.

Eso quiere decir que en la Nueva Jerusalén nunca tendremos que cerrar con llave nuestra puerta ni esconder nuestros objetos de valor. Podremos dejar abiertas nuestras ventanas y dejar la llave en nuestros autos porque será un lugar de perfecta paz y protección.

Su permanencia es eterna. La Nueva Jerusalén también será construida con el fin de perdurar para siempre, lo cual parece ser el significado de los "doce cimientos" (Ap. 21:14) en los cuales están inscritos los nombres de los doce apóstoles.[32] Los hijos de militares, pastores y misioneros pueden apreciar esto de manera especial. Ya no tendrán que mudarse de un lugar a otro, cambiar de escuela y hacer nuevas amistades. Ya no se sentirán desarraigados, ni marginados, ni solitarios. El cielo no solo será nuestro hogar, sino que nos sentiremos en casa. Es un lugar donde podremos sembrar raíces eternas.

Su esplendor es increíble. La ciudad celestial no es solamente un lugar de paz, protección y permanencia, sino que también es un lugar de una belleza inimaginable, aún más espectacular que la imaginaria Ciudad Esmeralda en la tierra de Oz. La Nueva Jerusalén será el Paraíso recuperado.

Ya que Dios mora allí, su gloria hará que la ciudad resplandezca como el brillo de un diamante bajo el sol de mediodía, "como piedra de jaspe, diáfana como el cristal", según lo expresó Juan (v. 11). En medio de la ciudad estará el trono de Dios, del cual fluye un "río de agua de vida, resplandeciente como cristal", nos dice Juan (22:1).

La propaganda de la compañía Coors dice que su cerveza es elaborada con agua pura de manantial de las Montañas Rocosas. (¡Como pastor bautista no puedo verificar si eso es cierto!). Pero en comparación al agua que brota del trono de Dios, el beber agua de manantial de las Montañas Rocosas será como beber agua llena de lodo. El "río limpio de agua de vida" (Ap. 22:1) satisfará y bendecirá a todo el que beba profundamente de él, y nuestra sed —tanto física como espiritual— será satisfecha para siempre.

Sembrado en las riberas de este río está el "árbol de la vida" (v. 2). Después de pecar, Adán y Eva fueron expulsados del huerto del Edén y se les prohibió comer del árbol, lo cual constituye el Paraíso perdido. Pero en la Nueva Jerusalén, el acceso libre y sin restricciones al árbol es restaurado, lo cual constituye el Paraíso recuperado. El árbol da un fruto diferente cada mes para sustentar la inmortalidad de los ciudadanos de la ciudad, y las hojas del árbol dan sanidad eterna a todos los residentes de la tierra nueva:

> A uno y otro lado del río, estaba el árbol de la vida, que produce doce frutos, dando cada mes su fruto; y las hojas del árbol eran para la sanidad de las naciones. (v. 2)[33]

No pretendo entender lo que todo esto significa, pero una cosa es cierta: en esta tierra nueva, ya que no habrá ninguna enfermedad, no tendremos que esperar nuestro turno en un consultorio médico, comer comida poco apetecible en un hospital, ni discutir con compañías de seguros.

Un último punto: a diferencia de la Jerusalén vieja, en la cual el Templo era el elemento central, la Nueva Jerusalén no tendrá templo (21:22), sino que la presencia de Dios y de Jesús harán que la ciudad entera sea un templo. Y es ahí —en ese "lugar llamado cielo" muy real— que viviremos, descansaremos, trabajaremos y adoraremos a Dios para siempre.

El cielo es más allá de lo imaginable

Jesús ha ido a preparar un lugar para usted, un lugar más hermoso que cualquier lugar que jamás haya visto. Es un lugar de paz y protección que literalmente será el Paraíso sobre la tierra. Y el lugar que Jesús está preparando, lo está preparando pensando en usted. "Parecerá que su lugar en el cielo ha sido hecho específicamente para usted y para nadie más —escribió C. S. Lewis—, porque usted fue creado para ese lugar, punto por punto, así como un guante es elaborado para una mano".[34]

Hay una canción cristiana popular que dice: "Solo puedo imaginarme". La verdad es que el hogar que Jesús le está preparando está más allá de lo imaginable.

3

¿HAY PERSONAS QUE HAN VISITADO EL CIELO?

Está establecido para los hombres que mueran una sola vez, y después de esto el juicio.

Hebreos 9:27

"Dios me está llamando".

Esas fueron las últimas palabras del gran evangelista estadounidense del siglo diecinueve, Dwight L. Moody. El afamado predicador había dedicado su vida a la predicación del evangelio y a la enseñanza bíblica. Como Billy Graham, quien le siguió, Moody viajó por todo el mundo dando a conocer las buenas nuevas de la muerte y la resurrección de Cristo, a veces en campañas de avivamiento donde miles de personas lo escuchaban predicar. Y como Graham, Moody ministró a algunos de los políticos más influyentes de su época. Pero el 22 de diciembre de 1899, Moody murió en su casa en East Northfield, Massachusetts.

El hecho de que Moody muriera no es notable; ese destino nos espera a todos. Lo que sí es notable es que Moody posiblemente vislumbró el cielo antes de su muerte. Según el informe publicado en el New York Times, Moody dijo: "Veo que se pierde de vista la tierra; el cielo se abre; Dios me está llamando".[35] Basado en aquellos que han tenido "experiencias cercanas a la muerte" —o ECM como se llaman comúnmente— y aquellos que las estudian, la descripción de Moody de ver que se pierde de vista la tierra como si estuviera fuera de su cuerpo y se estuviera moviendo por el espacio, y luego de ver que se acerca el cielo, es una experiencia cercana a la muerte clásica.

Raymond Moody, el padre de la manía de las ECM y el sobrino nieto del famoso evangelista, cree que su tío sí tuvo una experiencia cercana a la muerte, que es un término que acuñó en su libro de mayor venta de 1975, *Vida después de la vida*. Sus seminarios acerca de las experiencias cercanas a la muerte y la popularidad de su libro fomentaron un movimiento que hoy día incluye la Asociación Internacional de Estudios de Cercanía a la Muerte (IANDS, por sus siglas en inglés), una fundación de investigación que empezó en 1981, the *Journal of Near-Death Studies* [El Diario de las Experiencias Cercanas a la Muerte] (JNDS, por sus siglas en inglés) y una superabundancia de libros y películas sobre las ECM orientadas al consumidor. Pero hay una importante diferencia entre las experiencias cercanas a la muerte que describe Raymond Moody y la experiencia que tuvo su tío: D. L. Moody no regresó después de su muerte a contar lo que había visto en el cielo.

Ya que la gente se enfoca tanto en la vida después de la muerte y hay tantos artículos en los medios sobre este tema, ¿cómo debemos considerar las experiencias cercanas a la muerte? ¿Qué dice la Biblia al respecto? ¿Y qué nos pueden decir aquellos que afirman haber tenido una experiencia cercana a la muerte acerca del cielo, si es que nos pueden decir algo?

¿Qué son las experiencias cercanas a la muerte?

Antes de poder evaluar la validez de las experiencias cercanas a la muerte, debemos entender lo que son. Tiene sentido empezar con una definición. La IANDS define una experiencia cercana a la muerte como "un evento sicológico profundo que puede ocurrirle a una persona que está por morir, o si no está por morir, si se encuentra en una situación de crisis física o emocional. Ya que incluye elementos trascendentales y místicos, una ECM es un poderoso evento consciente". Sin embargo, se apresuran a destacar que "no es una enfermedad mental".[36]

Los que han pasado por una ECM típicamente tienen una experiencia común que sigue un orden similar. Generalmente, la experiencia y la secuencia de esta es la siguiente:

- Tener la sensación de estar flotando hacia arriba y ver lo que está ocurriendo alrededor de su cuerpo "muerto".
- Pasar por un túnel o espacio oscuro hacia una luz.
- Pasar tiempo en un mundo sobrenatural y hermoso.
- Encontrarse con Dios, Jesús o los ángeles.
- Encontrarse con sus familiares, seres amados y amigos difuntos.
- Ver la historia de su vida como si fuera una película.
- Tener la sensación de inmensa paz y desbordante amor, aunque algunos han dicho que han visto demonios aterradores y han sentido gran desesperación.
- Acercarse a un tipo de barrera, que después de pasada, no se puede volver atrás.

- Ser llamado a regresar y aceptar con renuencia volver a su cuerpo y a su vida.

Este tipo de experiencia puede transformar a un individuo. "Le ofrece a la persona la posibilidad de escapar de algo que la retiene, y de ser transformada en algo mejor", escribió Gideon Lichfield, un reportero que ha estudiado las ECM. "Si la ECM ocurrió durante una tragedia, provee a la persona una manera de encontrarle sentido a la tragedia y reconstruir su vida. Si en su vida ha habido una lucha contra la enfermedad o la duda, una ECM le abre a la persona un camino diferente: ya que por poco murió, algo tiene que cambiar".[37]

Tal vez usted nunca ha tenido una experiencia cercana a la muerte, pero lo más probable es que se haya encontrado cerca de la muerte en algún momento de su vida. Alguna enfermedad o una situación extrema le hizo ver más claramente su mortalidad, y ese roce con la muerte posiblemente cambió su vida.

Uno de mis colegas me contó acerca de un incidente que ocurrió mientras paseaba en canoa con su familia y unos amigos. Su canoa se atascó en una enorme roca en medio del río. En una fracción de segundo, el agua entró a chorros en la canoa y la movió de lado. Sabiendo que la canoa se volcaría, agarró a su hija de seis años justo antes de ser lanzado a las aguas turbulentas. No pudo hacer nada por su hijo de diez años, quien aunque llevaba un chaleco salvavidas, se sumergió en el agua.

Cuando pudo afirmar el pie, mi amigo colocó a su hija encima de la roca y empezó a buscar desesperadamente a su hijo. Afortunadamente, su hijo subió a la superficie del agua a unos metros río abajo y lo subieron a otra canoa. Esa noche en el campamento, mi amigo no pudo conciliar el sueño. Pasó la noche orando con lágrimas, dando gracias a Dios por haber salvado la vida de sus hijos. Toda preocupación acerca de trabajo, deudas, hipotecas —los asuntos del diario vivir— desaparecieron inmediatamente. Era lo más cerca que había llegado a la muerte (y lo más cerca que espera llegar a perder a sus hijos), y cambió su vida de manera radical.

Enfrentarse a la posibilidad de la muerte —ya sea nuestra propia muerte o la de algún ser amado— puede ser un sacudón. Este tipo de experiencia nos hace ver claramente lo breve que es la vida… y lo larga que es la eternidad. Por lo tanto, tiene sentido que los que han "muerto" y han experimentado la sensación de salir de su cuerpo e ir a un mundo lleno de paz y amor sean completamente transformados cuando "regresan" a su vida de este lado de la tumba.

Sin embargo, el solo hecho de que alguien haya tenido una experiencia transformadora como una ECM no quiere decir que su experiencia sea real. Aun así, sean o no válidas, nadie puede negar que las experiencias cercanas a la muerte gozan de cada vez más popularidad.

¿Por qué gozan de tanta popularidad las experiencias cercanas a la muerte?

Los libros acerca de las experiencias cercanas a la muerte encabezan las listas de éxitos de ventas porque supuestamente nos permiten correr la cortina y descubrir la respuesta al más grande misterio de todos: ¿qué nos espera al otro lado de la tumba? ¿En realidad hay una existencia más allá de la muerte? De ser así, ¿es esta experiencia igual para todos? ¿Los que dicen haber tenido una experiencia cercana a la muerte nos pueden decir algo acerca de la realidad del cielo o del infierno?

El libro de Don Piper en 2004, *90 minutos en el cielo: una historia real de muerte y vida,* fomentó un resurgimiento en el interés por las ECM. A este libro le siguió el relato aterrador acerca del infierno de Bill Wiese, *23 minutos en el infierno; el relato de un hombre sobre lo que vio, oyó y sintió en ese lugar de tormento*, publicado en 2006. Desde entonces ha habido una avalancha de libros acerca de las ECM, incluyendo *A Day in Hell: Death to Life to Hope* [Un día en el infierno: de la muerte a la vida a la esperanza] de Nancy Botsford (2010), *La prueba del cielo: el viaje de un neurocirujano a la vida después de la muerte* de Eben Alexander (2012) e *Ida y vuelta al Cielo: la verdadera historia de una doctora sobre su muerte y regreso a la vida* de Mary Neal (2012).

Pero ninguno de estos libros ha gozado de más éxito que *El Cielo es real* de Todd Burpo y Lynn Vincent (2010). Este libro de venta masiva cuenta la historia de Colton Burpo, un niño de cuatro años, quien "murió" durante una cirugía de emergencia, revivió y le contó a su familia acerca de su estadía de tres minutos en el cielo. Mientras estuvo en el cielo, Colton dice que vio a su hermana, producto de un aborto espontáneo (del cual sus padres no le habían dicho nada), su bisabuelo (a quien nunca conoció), Juan el Bautista, Jesús, Dios el Padre (quien tiene alas), y el Espíritu Santo, quien supuestamente tiene un color azulado y es transparente. Se vendieron más de diez millones de copias del libro y este estuvo en la lista de éxitos de ventas del *New York Times* por más de doscientas semanas.[38]

Pero no todos los libros acerca de las experiencias cercanas a la muerte han sido tan bien recibidos, y por lo menos uno de estos libros fue falso. *El niño que regresó del cielo: una verdadera historia* por Kevin y Alex Malarkey, cuenta la historia de Alex, quien "murió" y fue al cielo después de un accidente automovilístico en 2004. Alex sufrió trauma al cerebro y lesiones severas de la espina dorsal y del cuello, y quedó cuadripléjico.

Aprovechándose del éxito de los libros acerca de las ECM, una editorial cristiana conocida publicó el libro en 2010. Sin embargo, cinco años después de la publicación del libro, Alex escribió una carta abierta en la que se retractaba de lo que había escrito en el libro, y confesó que había mentido. Les pidió a las librerías cristianas que dejaran de vender el libro.

"Les pido que me perdonen la brevedad de esta carta, pero debido a mis limitaciones, tengo que mantenerla corta. No morí. No fui al cielo. Dije que fui al cielo porque pensé que atraería la atención hacia mí".[39] Días después, la editorial publicó la siguiente declaración: "Nos entristece descubrir que Alex Malarkey, uno de los autores de *El niño que regresó del cielo: una verdadera historia* dice ahora que inventó su relato de haber muerto e ido al cielo. Dada esta información, dejaremos de imprimir este libro".[40]

La popularidad de estos libros acerca de las ECM va más allá de nuestra curiosidad natural acerca de lo desconocido. Arraigado en el corazón de cada uno de nosotros hay un anhelo profundo de ese "lugar llamado cielo". Aunque en la tierra hay muchas personas y lugares que podemos amar, instintivamente sabemos que tiene que haber algo más, algo mejor. El rey Salomón escribió que Dios "ha puesto eternidad en el corazón de ellos [en nuestro corazón]" (Ec. 3:11). Esto quiere decir que tenemos un deseo profundo y una curiosidad natural acerca de lo que nos espera del otro lado de la muerte.

Pero ¿dónde debemos buscar respuestas acerca de lo que realmente nos ocurre después de morir? Leamos con detenimiento la confesión de Alex Malarkey:

> Cuando hice las afirmaciones que hice [en su libro *El niño que regresó del cielo*], nunca había leído la Biblia. Las personas se han beneficiado y siguen beneficiándose de las menti-

> ras. Deberían leer la Biblia, que es suficiente. La Biblia es la única fuente de verdad. Nada de lo que escriba el hombre puede ser infalible. No es sino por medio de arrepentirnos de nuestros pecados y creer en Jesús como el Hijo de Dios, quien murió por nuestros pecados aunque no había cometido ningún pecado Él mismo, que podemos ser perdonados y aprender acerca del cielo. Quiero que el mundo entero sepa que la Biblia es suficiente.[41]

Dios nos ha provisto un caudal de información acerca del futuro que les espera a creyentes y no creyentes después de la muerte. Aunque Dios no nos ha dicho todo lo que *quisiéramos* saber, nos ha revelado todo lo que *necesitamos* saber. Como declaró Malarkey: "La Biblia es suficiente".

La Biblia es suficiente porque la Biblia es verdad, y al tratarse de las ECM, debemos evaluar cualquier afirmación a la luz de las enseñanzas bíblicas. Al hacerlo, estamos obedeciendo el mandato de Juan cuando nos dice "no creáis a todo espíritu, sino probad los espíritus si son de Dios" (1 Jn. 4:1). Si hacemos esto, estaremos en la misma categoría que los bereos sabios, quienes escudriñaban las Escrituras para verificar que lo que predicaba Pablo era la verdad (Hch. 17:11).

Miremos entonces lo que dice la Biblia —si es que dice algo— acerca de las experiencias cercanas a la muerte.

¿Las experiencias cercanas a la muerte son bíblicas?

Es fácil descartar las experiencias cercanas a la muerte como el fruto de una imaginación hiperactiva. Después de todo, las ECM no son comunes y las experiencias casi siempre tienden a ser sensacionalistas. Entonces, ¿cómo hacemos para determinar si la experiencia cercana a la muerte que ha tenido una persona es real? ¿Cómo sabemos que las reacciones químicas en el cerebro en situaciones estresantes no hacen pensar a los que tienen una ECM que efectivamente han ido al cielo? Se sabe que ciertas drogas alteran la química cerebral y hacen que la persona sienta que ha salido de su cuerpo. Ya que sabemos que nuestro enemigo Satanás es un mentiroso y engañoso, ¿es posible que algunas ECM (o todas) sean demoniacas?

Por otra parte, los relatos de experiencias cercanas a la muerte muchas veces consuelan a los que están luchando con la realidad de su propia muerte o la pérdida de un ser amado. ¿Debemos negarles la verdad de que hay una esperanza más allá de la muerte? Y además, ¿qué debemos pensar acerca de aquellos que han llegado a tener fe en Cristo después de tener una experiencia cercana a la muerte? ¿No debemos regocijarnos de que han sido salvos? ¿Y qué de los creyentes que han tenido una ECM que los lleva a vivir una vida más centrada en Dios? ¿Por qué diríamos algo que disminuiría su entusiasmo recién descubierto?

Un amigo quien formaba parte de nuestro personal y sirvió conmigo por muchos años tuvo una experiencia durante una enfermedad traumática en la cual llegó a la puerta del cielo, pero Dios le impidió entrar. Esta experiencia fue tan real para él que después de recuperarse, tomó unas decisiones muy serias que influyeron en cada aspecto de su vida. Era un hombre de fe profunda con un grado de seminario, quien conoce muy bien la Biblia. ¿Debería yo simplemente descartar su experiencia porque suena sensacionalista?

El investigador cristiano J. Isamu Yamamoto, quien ha estudiado las experiencias cercanas a la muerte, nos advierte que no debemos ni descartar las ECM sin pensarlo dos veces, ni tampoco aceptarlas inmediatamente sin examinarlas:

> Ya que las ECM son de naturaleza subjetiva, determinar su proveniencia es una empresa especulativa. Ya que merecen ser considerados lo divino, lo demoniaco y varios factores naturales, tratar de dar una sola explicación universal a las ECM es riesgoso.[42]

Al considerar las ECM debemos pensar bíblicamente. Esto implica determinar si una ECM corrobora o contradice las Escrituras, si glorifica a Dios o al yo, y si motiva al que la experimenta a conocer más de Dios y de su Palabra o bien a buscar tener otras experiencias similares. Específicamente, debemos tener en cuenta siete principios al evaluar las experiencias de aquellos que dicen que ya han visitado el cielo.

1. Estar cercano a la muerte no es estar muerto

¡Estar casi muerto no es estar muerto! Como el milagroso Max le dijo a Íñigo Montoya en la película *La princesa que quería soñar:* "Tu amigo no está muerto sino *casi* muerto. Hay una gran diferencia entre estar casi muerto y estar completamente muerto. Casi muerto significa un tanto vivo. Cuando uno está completamente muerto, pues... Cuando la persona está completamente muerta, generalmente no se puede hacer sino una cosa: buscar en su ropa para ver si tiene dinero suelto en ella".[43]

La Biblia esclarece este punto: "Está establecido para los hombres que mueran *una sola vez*, y después de esto el juicio" (Heb. 9:27). Ya puedo oír las objeciones: "¿Qué tal las personas en la Biblia que murieron y revivieron, como Lázaro?" Trataremos con estas experiencias en detalle, pero tenga en cuenta que Lázaro y otras personas que murieron dos veces eran excepciones muy raras y fueron resucitadas por razones específicas. Los milagros ocurren, pero no ocurren a diario. Si fuera así, se les llamaría "ocurrencias diarias". Lo que señala Hebreos 9:27 es que para la inmensa mayoría de la humanidad, el plan de Dios es que mueran una vez y luego enfrenten la eternidad.

Las experiencias cercanas a la muerte son eso mismo: experiencias *cercanas* a la muerte, no experiencias donde la persona *muere completamente una vez por todas*. Por lo tanto, las historias que cuentan los que han tenido tales experiencias posiblemente no nos digan más acerca de la vida después de la muerte que una persona que ha viajado cerca de mi ciudad de Dallas nos podría decir acerca de puntos de referencia locales como Thanksgiving Square, Klyde Warren Park o Reunion Tower, si jamás ha entrado en la ciudad en sí. Tanto las experiencias cercanas a la muerte como las experiencias de haber estado cerca de Dallas carecen de certeza. Y en ambos casos hay mapas confiables a la disposición del que esté planificando un viaje a un destino desconocido. El único mapa confiable para dirigirse a la eternidad es la Biblia. Y esto nos lleva al segundo principio importante al evaluar las ECM.

2. La Biblia es suficiente

Los libros como *El Cielo es real* e *Ida y vuelta al Cielo* dan la impresión de que la Biblia es insuficiente en cuanto a decirnos lo que necesitamos saber acerca de la vida después de la muerte. Aunque estos libros posiblemente ofrezcan consuelo y esperanza a aquellos que han perdido algún ser amado, debemos guardarnos de desviarnos de la Palabra de Dios a alguna otra fuente durante épocas de pena y tristeza. Recuerde lo que dijo Alex Malarkey: "La Biblia es suficiente". Y no olvide las palabras de consuelo de Pablo a los que se preguntaban qué había ocurrido con sus seres amados que habían muerto:

> Tampoco queremos, hermanos, que ignoréis acerca de los que duermen, para que no os entristezcáis como los otros

> que no tienen esperanza. Porque si creemos que Jesús murió y resucitó, así también traerá Dios con Jesús a los que durmieron en él. Por lo cual os decimos esto en palabra del Señor: que nosotros que vivimos, que habremos quedado hasta la venida del Señor, no precederemos a los que durmieron. Porque el Señor mismo con voz de mando, con voz de arcángel, y con trompeta de Dios, descenderá del cielo; y los muertos en Cristo resucitarán primero. Luego nosotros los que vivimos, los que hayamos quedado, seremos arrebatados juntamente con ellos en las nubes para recibir al Señor en el aire, y así estaremos siempre con el Señor. *Por tanto, alentaos los unos a los otros con estas palabras.* (1 Ts. 4:13-18).

Pablo les está diciendo a los creyentes tesalonicenses que están afligidos: "Dios no quiere que sean ignorantes de lo que ha pasado con sus seres amados. Aquí tienen todo lo que necesitan saber acerca de lo que le pasa a un creyente después de la muerte".

Jamás en mi ministerio he tenido que recurrir a un libro acerca de las experiencias cercanas a la muerte para consolar a las personas que lloran la muerte de alguien, para dar esperanza a los desesperanzados o para fortalecer la fe de los que dudan. Miles de veces en las últimas décadas, en los funerales he mirado la cara de familiares que acababan de sentir el aguijón de la muerte y he visto el alivio inmediato que sienten al oír las palabras de consuelo que nos ofrece la Palabra de Dios.

3. Añadir o quitar algo de la Biblia está prohibido

La Biblia es eterna, inspirada e infalible, y ya que lo es, Dios le da inestimable valor a su Palabra. Hay bendiciones para aquellos que la obedecen, y maldiciones para los que no la obedecen. Las bendiciones y las maldiciones se pueden ver claramente en

Apocalipsis. El libro empieza con una bendición: "Bienaventurado el que lee, y los que oyen las palabras de esta profecía, y guardan las cosas en ella escritas" (Ap. 1:3) y termina con una maldición:

> Yo testifico a todo aquel que oye las palabras de la profecía de este libro: Si alguno añadiere a estas cosas, Dios traerá sobre él las plagas que están escritas en este libro. Y si alguno quitare de las palabras del libro de esta profecía, Dios quitará su parte del libro de la vida, y de la santa ciudad y de las cosas que están escritas en este libro. (22:18-19)

El libro de Apocalipsis es la respuesta definitiva de Dios acerca de lo que le espera a toda persona —creyente y no creyente— después de la muerte. En este libro, Dios nos dice todo lo que Él quiere que sepamos. El añadir o quitarle algo, o el tergiversar la verdad que está escrita en el libro de Apocalipsis es algo sumamente serio y da como resultado un castigo severo.

Todo el que escribe acerca del cielo (incluso este servidor) debe tomar en serio esta advertencia. Desafortunadamente, muchos de los libros y relatos acerca de las experiencias cercanas a la muerte —el haber ido al cielo y regresado para contar cómo era— se acercan demasiado al punto de quebrantar la advertencia en Apocalipsis 22. Por ejemplo, ¿será verdad que el Espíritu Santo es de color azulado, y que Dios el Padre, a quien nadie ha visto jamás, tiene alas, como dijo Colton Burpo, el pequeño de cuatro años?[44]

4. Debemos cuestionar la identidad de cualquier "ser luminoso"

No todos los que han tenido una experiencia cercana a la muerte se encontraron con un ser luminoso, pero los que dicen haberlo hecho, afirman que el ser luminoso era Jesucristo. Sin embargo, muchos de estos relatos también dicen que "Jesús" les dijo cosas que eran contrarias a la Palabra de Dios, tales como:

> "El pecado no es ningún problema".
> "No existe el infierno".
> "En el cielo, se les acoge a todas las personas".
> "Todas las religiones son verdad".

¿Cómo puede ser esto si "Jesucristo es el mismo ayer, y hoy, y por los siglos" (Heb. 13:8)? Todas estas afirmaciones contradicen todo lo que Jesús enseñó mientras estaba en la tierra. Es imposible que estas personas que tuvieron una experiencia cercana a la muerte hayan conocido al verdadero Jesús, ya que Él jamás contradiría su propia Palabra. La única conclusión que podemos sacar es que si estas personas tuvieron una experiencia cercana a la muerte legítima, el ser con el que tuvieron un encuentro era un anticristo, un cristo falso.

J. Isamu Yamamoto se adelanta a la objeción a esta declaración cuando pregunta: "¿Cómo podemos concluir que este ser luminoso es un espíritu maligno cuando irradia amor, gozo y paz y anima a las personas a amar a los demás?" Es una buena pregunta, y Yamamoto da una buena respuesta:

> Es difícil hablar en contra de este tipo de argumento. Es mucho más fácil hablar en contra de un demonio con cuernos con una horca en la mano, quien manda a las personas que odien, lastimen y se rebelen. Sin embargo, la batalla espiritual es un campo de batalla en que muchas veces es difícil identificar al enemigo. Este muchas veces se disfraza como un amigo querido. El engaño siempre ha sido así, y ha sido un arma mortífera en su arsenal, lo cual ha sido evidente

> desde que lo usó en el huerto del Edén. De hecho, Pablo advirtió a Timoteo que "en los postreros tiempos algunos apostatarán de la fe, escuchando a espíritus engañadores y a doctrinas de demonios" (1 Ti. 4:1). Por supuesto que el peor engaño es cuando el diablo se hace pasar por Dios. Una vez más, la advertencia de Pablo es pertinente: "Porque el mismo Satanás se disfraza como ángel de luz" (2 Co. 11:14).[45]

La estrategia de Satanás es parecida a la de los terroristas que se hacen pasar por civiles no combatientes de modo que es difícil para los soldados distinguir entre amigos y enemigos. Si Satanás o sus demonios pueden engañar a alguien por medio de un disfraz —al usar la máscara de Cristo para cubrir el corazón del anticristo— el resultado es que una persona menos va al cielo.

Para colmo, como observó el comentarista conocido, Dinesh D'Souza, "interpretamos nuestras experiencias por medio de un lente cultural". En otras palabras, vemos lo que queremos ver. "Al ver un ser radiante, un cristiano dirá que es Jesús", dice D'Souza, "mientras que un musulmán tal vez diga que es Mahoma. Ya que nadie sabe qué aspecto tenían Jesús o bien Mahoma —y suponemos que el ser radiante no lleva chapa identificadora— está claro que la cultura de cada persona influirá en su identificación del ser radiante".[46] Si esto es verdad, entonces la veracidad de los que afirman haber tenido una experiencia cercana a la muerte durante la cual se desplazaron al cielo y vieron un ser radiante, debe ser cuestionada. En el cielo, las opciones en cuanto a la verdadera identidad de un ser radiante no pueden ser entre Jesús y Mahoma. En el cielo no hay sino una opción: Jesús.

5. Debemos guardarnos del ocultismo

Es muy probable que los que se han encontrado con un ser radiante durante una experiencia cercana a la muerte se han encontrado con un demonio haciéndose pasar por Cristo. Esto equivale a tener una experiencia ocultista y no una experiencia con Dios. Es un hecho que las experiencias cercanas a la muerte muchas veces son similares a las experiencias de salir de su cuerpo que afirman tener los que practican el ocultismo. En ambos casos, las personas afirman haber tenido contacto con seres que no son de este mundo, y su cosmovisión cambia. También afirman haber desarrollado habilidades síquicas como la clarividencia (la habilidad de ver algo acerca del pasado, presente o futuro de maneras más allá de los medios naturales) y la telepatía (la habilidad de recibir o enviar pensamientos de una persona a otra).

Por ejemplo, Diane Corcoran, la presidenta de la Asociación Internacional de Estudios de Cercanía a la Muerte (IANDS), enfatizó en su discurso de apertura en la conferencia anual en 2014 en Newport Beach, California, que los efectos síquicos a largo plazo de una experiencia cercana a la muerte son de igual importancia que la experiencia en sí misma. Como escribió Gideon Lichfield, en su cobertura de la conferencia para la revista *The Atlantic*:

> Corcoran dijo que muchas personas no se dan cuenta por años que han tenido una ECM, y solo llegan a entenderlo después de notar los efectos. Estos incluyen una mayor sensibilidad a la luz, al sonido y a ciertos químicos; el volverse más amoroso y generoso, a veces de manera excesiva; el tener dificultades para ser puntual y tratar con las finanzas; el sentir amor incondicional hacia todos, lo cual puede ser dificilísimo para los familiares y amigos; y el ejercer una influencia extraña sobre los equipos eléctricos. En una conferencia de personas que habían tenido una ECM, dijo Corcoran, el sistema informático del hotel se descompuso.

> "Cuando se juntan 400 personas que han tenido una ECM en un hotel, ¡algo va a pasar!", dijo Corcoran.[47]

Por supuesto que la señora Corcoran no quiso decir que alguien había pateado involuntariamente la toma de corriente, haciendo que se desconectara. Más bien, está sugiriendo que la energía sicosomática de las 400 personas quienes habían tenido una ECM hizo que se averiaran las computadoras del hotel. Si esto ocurrió, la energía detrás de tal ocurrencia es atribuible al reino de tinieblas y no al reino de luz de Dios.

El ocultismo, incluso cualquier indicio del mismo, es una clara infracción de las enseñanzas bíblicas, tanto en el Antiguo como en el Nuevo Testamento, y se debe evitar como la peste que es.[48]

6. La muerte y la resurrección de Jesús debe ser el enfoque central de toda revelación de Dios

Algunas personas alegan que Saulo (Pablo) tuvo una ECM cuando cayó al suelo y vio una luz deslumbrante en el momento de su conversión:

> Mas yendo por el camino, aconteció que al llegar cerca de Damasco, repentinamente le rodeó un resplandor de luz del cielo; y cayendo en tierra, oyó una voz que le decía: Saulo, Saulo, ¿por qué me persigues? El dijo: ¿Quién eres, Señor? Y le dijo: Yo soy Jesús, a quien tú persigues; dura cosa te es dar coces contra el aguijón. El, temblando y temeroso, dijo: Señor, ¿qué quieres que yo haga? Y el Señor le dijo: Levántate y entra en la ciudad, y se te dirá lo que debes hacer. (Hch. 9:3-6)

Para los que han experimentado una experiencia cercana a la muerte, la conversión de Saulo les parece muy similar a su propia experiencia: el ver una luz brillante, el encontrarse con Jesús, la transformación de la vida de Saulo, y el ser acusado de estar demente, como a veces lo son los que han tenido una experiencia cercana a la muerte. Sin embargo, hay varios problemas con esta conclusión.

En primer lugar, Pablo estaba bien vivo y muy lejos de la muerte en el momento de su conversión. En segundo lugar, la luz que vio Pablo no era como la que ven normalmente las personas que tienen una experiencia cercana a la muerte, porque literalmente lo dejó ciego hasta que se recuperó más adelante. En tercer lugar, al contarle su experiencia al rey Agripa, Pablo jamás mencionó nada que se pareciera ni remotamente a una experiencia cercana a la muerte. Por último, a diferencia del Jesús con el que suelen encontrarse los que han tenido una experiencia cercana a la muerte, el Jesús con el que se encontró Pablo le encargó que evangelizara exclusivamente en su nombre para llevar a la gente a arrepentirse y a someterse al señorío de Cristo.[49]

Este último punto es de particular importancia. Aunque es cierto que algunas personas que dicen haber tenido una experiencia cercana a la muerte han llegado posteriormente a tener fe en Cristo y han mantenido la muerte y la resurrección de Jesús como el foco de su relato, la mayoría de los que han tenido una experiencia cercana a la muerte mantienen su enfoque en sí mismos o en algún ser celestial indeterminado. No fue así en el caso de Pablo; desde el momento en que tuvo un encuentro con Jesús en el camino a Damasco hasta su último aliento, su enfoque era Jesucristo, el único Hijo de Dios. Pablo resumió la misión de su vida cuando les dijo a los creyentes de Corinto: "Pues me propuse no saber entre vosotros cosa alguna sino a Jesucristo, y a éste crucificado" (1 Co. 2:2). Cualquier relato de experiencia cercana a la muerte que no incluye a Jesucristo y su mensaje exclusivo de salvación para los que confían en Él es muy sospechoso.

7. La Biblia no registra ninguna experiencia cercana a la muerte

La pregunta que debemos hacernos al evaluar las experiencias cercanas a la muerte es: "¿Registra la Biblia alguna ECM?" Algunos dicen que sí, y citan los ejemplos de Lázaro, Jesús, Esteban, Pablo y Juan. Estudiaremos la experiencia de cada uno de estos hombres, pero antes de hacerlo, permítame esclarecer un punto: en el pasado, alguna que otra vez Dios resucitaba a los muertos (¡los que estaban completamente muertos!) para ilustrar una verdad espiritual. Dios dejó de resucitar a las personas durante la época del Nuevo Testamento porque ya no se necesitaba este milagro para confirmar la veracidad del mensaje de los apóstoles. Una vez que se completó el Nuevo Testamento, la prueba de que una persona era realmente un mensajero de Dios era su observancia de la Biblia, no su habilidad de resucitar a los muertos. Y esa misma prueba se aplica hoy.

Sin embargo, a continuación veremos algunos ejemplos de momentos en que Dios resucitó a los muertos antes de que se hubiera completado el Nuevo Testamento:

- Elías y el hijo de la viuda de Sarepta (1 R. 17:17-24)
- Eliseo y el hijo de la sunamita (2 R. 4:18-37)
- Ezequiel y el valle de huesos secos (Ez. 37:1-14)
- Jesús y la hija de Jairo (Mt. 9:18-19, 23-26; Mr. 5:22-24, 35-43; Lc. 8:41-42, 49-56)
- Jesús y el hijo de la viuda de Naín (Lc. 7:11-15)
- Pedro y Tabita (Hch. 9:36-43)
- Pablo y Eutico (Hch. 20:6-12)
- Santos cuyo nombre no se menciona (Heb. 11:35)

Sin embargo, ninguno de estos ejemplos se puede clasificar como una experiencia cercana a la muerte porque estas personas no contaron lo que experimentaron al haber muerto, que es uno de los requisitos para ser una ECM.

Consideremos la historia dramática de Lázaro, a quien Jesús resucitó después de cuatro días de estar muerto (Jn. 11:17, 39, 43-44). El relato bíblico no dice en ningún lugar qué fue lo que Lázaro vio, oyó ni experimentó en el cielo.

Por supuesto que Jesús es el ejemplo supremo de una Persona que ha resucitado de entre los muertos. Los cuatro evangelios están de acuerdo en este punto: Jesús murió, fue sepultado, y después de tres días fue resucitado de entre los muertos. Pero cuando Jesús estaba por morir en la cruz, no experimentó ninguna de las experiencias típicas de las ECM. No tuvo ninguna experiencia incoherente de estar fuera de su cuerpo, no viajó por un túnel hacia la luz, y definitivamente no tuvo una sensación desbordante de paz.

Más bien, Jesús estaba consciente de todo y en su pleno juicio. Perdonó a los que lo condenaron a muerte en la cruz, le prometió a uno de los criminales que tendría un hogar en el Paraíso, habló con su madre y con su discípulo Juan, oró al Padre y entregó su espíritu. Después de su resurrección de entre los muertos (no de entre los "casi muertos"), Jesús no reveló ninguna información acerca de su experiencia en el cielo. Más bien, preparó a sus discípulos para la misión que tenían por delante, "hablándoles acerca del reino de Dios" (Hch. 1:3).

El apedreamiento de Esteban es tal vez el relato bíblico que más se parece a una experiencia cercana a la muerte.

> Oyendo [los oficiales judíos, el Sanedrín] estas cosas [el discurso de Esteban mediante el cual los condenaba], se enfu-

> recían en sus corazones, y crujían los dientes contra él. Pero Esteban, lleno del Espíritu Santo, puestos los ojos en el cielo, vio la gloria de Dios, y a Jesús que estaba a la diestra de Dios, y dijo: He aquí, veo los cielos abiertos, y al Hijo del Hombre que está a la diestra de Dios. (Hch. 7:54-56)

El caso de Esteban tiene algunos de los elementos de una ECM: tener un encuentro con Jesús, ver a Dios y observar que se abren las puertas del cielo. Sin embargo, hay elementos clave de la situación de Esteban que impiden que se clasifique como una experiencia cercana a la muerte.

En primer lugar, la visión que tuvo Esteban del cielo y de Jesús surge antes de que lo apedrearan. Si la experiencia de Esteban hubiera sido una verdadera ECM, lo normal sería que tuviera la visión justo antes de morir, y después de ser apedreado. En segundo lugar, la Escritura dice claramente que Esteban recibió su visión de Jesús y del cielo porque estaba "lleno del Espíritu Santo". En otras palabras, el Espíritu de Dios le concedió la visión por medio de la cual pudo vislumbrar el reino celestial. Casi nunca oigo a las personas que afirman haber tenido una ECM atribuir esas experiencias al Espíritu Santo.

En tercer lugar, la visión de Esteban no era tan diferente a las visiones dadas a Isaías, Ezequiel y Daniel, ninguno de los cuales estaba pronto a morir cuando vieron escenas de esplendor celestial. En cuarto lugar, cuando Esteban estaba cerca del momento de su muerte, el escritor no se enfocó en la visión de Esteban de Jesús y el cielo, sino en su oración de entrega y perdón.

> Y apedreaban a Esteban, mientras él invocaba y decía: Señor Jesús, recibe mi espíritu. Y puesto de rodillas, clamó a gran voz: Señor, no les tomes en cuenta este pecado. Y habiendo dicho esto, durmió. (vv. 59-60)

Finalmente, en el caso de Esteban, este murió, en vez de "casi morir". No puedo enfatizar lo suficientemente que en la Biblia no hay ningún relato de personas que hayan muerto (o "casi muerto"), o que hayan tomado una gira breve por el cielo, y luego hayan regresado del lugar donde habían estado para escribir un libro de mayor venta acerca de sus experiencias.

Pero algunos se preguntarán: "¿El apóstol Pablo no admitió haber tenido una experiencia tal?" Es cierto que el afamado apóstol fue "arrebatado hasta el tercer cielo" (2 Co. 12:2), lo cual algunas personas dicen que equivale a una experiencia cercana a la muerte. Pero hay dos factores que impiden que esta experiencia se clasifique como una ECM.

Primero, no hay ningún indicio de que Pablo estuviera cerca de la muerte cuando ocurrió la experiencia. El apóstol confesó que no sabía si su ida al cielo era física ("en el cuerpo") o metafísica ("fuera del cuerpo"), pero está claro que Pablo no estaba ni muerto ni casi muerto.

En segundo lugar, Pablo no reveló ningún detalle acerca de su experiencia o visión del cielo. Dios le mandó a que no hablara de lo que había visto y oído. Si Dios le prohibió publicar un relato de su ida al cielo al más importante teólogo del cristianismo, quien escribió casi la mitad del Nuevo Testamento, ¿por qué le autorizaría a alguien hoy día que escribiera un libro tal? Definitivamente es una pregunta que nos pone a reflexionar. Si le fuera permitido a alguien escribir acerca de su experiencia en el cielo después de haber casi muerto, supondríamos que sería Pablo.

¿Qué significa todo esto? Sencillamente que no hay ningún relato bíblico que describa las experiencias cercanas a la muerte de las cuales oímos tanto hoy día. Y aunque yo nunca diría que Dios es incapaz o que no está dispuesto a conceder jamás esta experiencia, el peso de la Escritura parece estar en contra de las ECM.

Los escépticos afirman que las experiencias cercanas a la muerte son tan irreales como los raptos por extraterrestres, los poderes síquicos o los *poltergeist*; simplemente son carne para charlatanes que buscan ganarse un dinero fácil al aprovecharse de las personas ingenuas e insensatas. Para los escépticos, las personas que experimentan una ECM no son mejores que los vendedores de aceite de serpiente.

Al tratarse de las ECM, aunque no tenemos que ser tan cínicos como estos escépticos, hay buenas razones para cuestionar a cualquier persona que afirma haber tenido una experiencia cercana a la muerte y nos dice que el cielo es muy real. Eso ya lo sabemos, porque Jesús ha prometido prepararnos un lugar en el cielo.

Lo único que usted necesita saber acerca de ese fascinante "lugar llamado cielo" está revelado en la Biblia, y en las páginas que siguen, usted descubrirá muchas verdades sorprendentes e inspiradoras de la Palabra de Dios acerca de su futuro hogar.

4

¿LOS CREYENTES VAN DIRECTAMENTE AL CIELO CUANDO MUEREN?

> Entre tanto que estamos en el cuerpo, estamos ausentes del Señor [...], y más quisiéramos estar ausentes del cuerpo, y presentes al Señor.
>
> 2 Corintios 5:6-8

En pleno invierno en Minnesota, una pareja decidió entrar en calor en una playa en Florida. Pero debido a ciertas responsabilidades personales, la esposa tuvo que quedarse en casa un día más, de modo que tenía pensado volar a la Florida al día siguiente. Cuando su esposo llegó a Cayo Hueso y se registró en el hotel, desempacó y le envió rápidamente un breve correo electrónico a su esposa antes de ir a la playa. Desafortunadamente, en su apuro por salir de la puerta, traspuso dos letras en la dirección de correo electrónico de su esposa.

Mientras tanto, la esposa de un ministro en Chicago acababa de sepultar a su esposo de cuarenta y cinco años. Al entrar a su casa después del funeral, agotada y afligida después de haberlo perdido tan repentinamente, decidió mirar su correo electrónico con la esperanza de leer algún mensaje de pésame que calmara su espíritu desconsolado. Sin mirar la dirección de correo electrónico de la persona que le escribía, dio un grito cuando vio el primer mensaje... y se desmayó. Su hija entró corriendo al cuarto y encontró a su madre en el piso y la revivió. Luego la hija leyó el mensaje:

> *Muy querida esposa:*
>
> *Estoy seguro de que estarás muy sorprendida de tener noticias mías tan rápidamente. Acabo de llegar y registrarme, y quería mandarte una breve nota diciéndote que espero con ansias el momento de tu llegada. El personal tiene todo listo para ti. Espero verte mañana. Y si todo resulta como lo he planificado, debes llegar acá tan pronto como llegué yo.*
>
> *PD: Hace mucho calor acá. ¡Estoy seguro de que te encantará!*

El teólogo Reinhold Niebuhr una vez advirtió: “No es sabio que los creyentes digan tener conocimientos acerca de los muebles en el cielo o bien de la temperatura del infierno”.[50] Y aunque la advertencia de Niebuhr tiene algo de verdad, ¡creo que podemos suponer que el infierno no se parece en nada a Cayo Hueso!

También podemos suponer, basado en lo que la Biblia revela acerca del cielo nuevo y la tierra nueva, que Cayo Hueso —por más bello que sea— no puede compararse con el esplendor del futuro hogar que Dios nos está preparando. Pero una cosa sí es cierta: cada ser humano irá o bien al cielo o bien al infierno cuando muera.

En su libro *El cielo*, Randy Alcorn observa que “en el mundo entero, tres personas mueren cada segundo, 180 cada minuto y casi 11 000 cada hora. Si la Biblia dice la verdad acerca de lo que nos ocurre después de la muerte, quiere decir que más de 250 000 personas van al cielo o al infierno cada día".[51] Estas estadísticas son asombrosas: un cuarto millón de espíritus parten de la tierra cada día, rumbo a uno de dos destinos. Las cifras como estas confirman la veracidad del viejo dicho que dice que nadie sale vivo de esta vida. Pero, ¿por qué es inevitable la muerte, tanto para creyentes como para no creyentes?

¿Por qué deben morir los vivos?

La muerte es el resultado de la enfermedad universal que nos infecta a todos: el pecado. Salomón afirmó que la muerte es el destino de todo ser humano (Ec. 9:2, 3): "Un mismo suceso ocurre al justo y al impío [...], al limpio y al no limpio [...]; al bueno, así al que peca". La universalidad de la muerte se demuestra en cada funeral y en cada cementerio en todo el mundo. J. Sidlow Baxter estaba en lo cierto cuando escribió:

> Un millón de cementerios proclaman con voz incesante que el hombre es mortal y que los vivos están muriendo. ¡Qué desastre ha hecho la muerte con la raza humana! ¿Qué es esta esfera giratoria en la que vivimos sino un vasto cementerio de seres humanos?[52]

La muerte es el destino de cada persona porque cada hombre, cada mujer y cada niño han pecado contra Dios. "Por cuanto todos pecaron, y están destituidos de la gloria de Dios", declaró Pablo en Romanos 3:23. Y el pecado —el hecho de despreciar el código moral de Dios— se castiga con la muerte así como escribió Pablo en su carta a los romanos: "Porque la paga del pecado es muerte" (6:23).

Desde el principio de la historia humana, la muerte fue el justo castigo por el pecado. Dios les advirtió a Adán y a Eva que si se rebelaban en contra de su claro mandato de que no comieran del árbol del conocimiento del bien y del mal, morirían. Y efectivamente murieron.

Con la excepción de Enoc y Elías (y los creyentes que estén vivos en el momento del rapto de la iglesia), cada persona que ha vivido desde Adán y Eva ha muerto o morirá. El hecho de que nos espera la muerte aterroriza a muchas personas. Job dijo que la muerte era "el rey de los espantos" (Job 18:14). El salmista confesó que su corazón estaba dolorido porque "terrores de muerte sobre mí han caído" (Sal. 55:4). Y el escritor de la carta a los Hebreos dijo que la muerte era como un amo de esclavos que tenía encadenada a la humanidad con el temor a la muerte (Heb. 2:15).

La muerte es la peor pesadilla de todas para los que la enfrentan sin fe en Jesucristo. El actor Jack Nicholson conoce el terror de la muerte. Él luchó con su propia mortalidad mientras filmaba *The Bucket List* [La lista de cosas que hacer antes de morir], una película acerca de dos enfermos terminales que salen de un pabellón de cáncer para realizar un viaje en auto para hacer las cosas que siempre desearon hacer antes de morir. En una entrevista de promoción para la película, Nicholson dijo:

> Solía vivir de manera tan libre. El mantra de mi generación era "¡Sé tu propio jefe!" Yo siempre decía: "Mira, tú puedes guardar las normas que quieras y yo voy a guardar las mías. Yo aceptaré la culpabilidad y pagaré por mis faltas". Yo escogí mi propio camino. Esa era mi postura filosófica hasta tener más de cincuenta años. A medida que he envejecido, he tenido que adaptarme... Todos queremos vivir para siempre, ¿verdad? Tememos lo desconocido. Todos nos en-

> contramos con esa pared, pero nadie sabe lo que hay del otro lado. Es por eso que le tememos a la muerte.[53]

Es entendible que los no creyentes le teman a la muerte, ya que no saben lo que les espera del otro lado de la tumba. Pero aun para los creyentes, la idea de la muerte y de morir puede ser alarmante. Joni Eareckson Tada escribió:

> Miro mi propio cuerpo que se está degenerando y me pregunto cómo enfrentaré ese viaje final. ¿Durará poco tiempo y será agradable? ¿O será un viaje largo y angustiante? ¿Mi esposo podrá cuidarme? ¿O tendré que ser internada en un hogar para ancianos ya que soy cuadripléjica? No es tanto que le tema a la muerte, sino al hecho de morir.[54]

Es indudable que la perspectiva de la muerte nos puede llenar de pavor. Sin embargo, saber cuál es nuestro destino cuando partimos de esta vida puede disminuir en gran manera este temor natural.

A dónde van los muertos cuando mueren

Uno de mis mentores en el seminario, Howard Hendricks, siempre animaba a sus estudiantes a mantener la esperanza del cielo al centro de nuestra predicación porque es en el cielo que se encuentra la vida. Él decía: "No estamos en la tierra de los vivientes en camino a la tierra de los muertos. Más bien, estamos en la tierra de los muertos en camino a la tierra de los vivientes". ¡Cuán cierto es eso!

Para el creyente, la muerte no es un terminal de la vida, sino una transición a la vida, a la vida real. Sin embargo, para el no creyente, la muerte marca la transición a lo que la Biblia llama "la segunda muerte" (Ap. 20:14), que es una existencia eterna separada de Dios.

Estoy convencido que a cada persona que nace se le presenta la decisión en algún momento de su vida de aceptar o rechazar el don gratis de Dios de la salvación por medio de Jesucristo. Es una decisión que solo se puede tomar en esta vida. Una vez que hayamos entrado por la puerta de la muerte a la otra vida, ya no podemos cambiar nuestra decisión.

Un epitafio en una lápida centenaria de un cementerio en Indiana sirve como un claro recordatorio para todos nosotros de la certeza de la muerte:

> Detente, desconocido, en tu pasar;
> Estuve yo una vez como tú estás.
> Al morir estarás tú como yo estoy,
> Pues, prepárate y ve adónde voy.

Un visitante desconocido del cementerio vio esta lápida y después de unos momentos de contemplación, escribió la siguiente respuesta:

> No estoy contento de ir adónde fuiste,
> Hasta no saber en qué dirección te dirigiste.[55]

El hecho de que usted morirá no está abierto a discusión. La pregunta crítica es la siguiente: "¿*Adónde* irá cuando muera?"

Esa pregunta solo se puede contestar mediante otra pregunta: "¿Ha confiado usted en Jesucristo para el perdón de sus pecados?" Su destino eterno depende en su respuesta a esa pregunta.

Dos posibles destinos

La Biblia emplea varios términos para describir el futuro destino de los que mueren: el Seol, el Hades, el seno de Abraham y el Paraíso, pero a fin de cuentas solo hay dos posibles destinos: el cielo o el infierno.

Sin embargo, como vimos en el capítulo 2, hay un cielo presente —el "tercer cielo" que se menciona en 2 Corintios 12:2, donde mora Dios— y un cielo futuro que está siendo construido para nosotros, según se describe en Apocalipsis 21:1-2. El cielo presente es el "cielo temporal" mientras que el cielo futuro es el "cielo permanente".

(Examinaremos el infierno más detalladamente en el capítulo 9, pero así como en el caso del cielo, hay tanto un lugar temporal como un lugar permanente de sufrimiento para los no salvos.)

¿A dónde van los creyentes cuando mueren?

Es una gran esperanza y consuelo saber que en el momento de la muerte el espíritu de cada creyente es llevado a la presencia de Dios, el tercer cielo. Tenemos la promesa de Jesús que nos asegura de eso. Él le dijo al ladrón en la cruz, quien momentos antes había profesado su fe en Cristo: "De cierto te digo que *hoy* estarás conmigo en el paraíso" (Lc. 23:43).

Cuando Esteban estaba siendo apedreado, él previó estar con Jesús cuando muriera. Esteban "invocaba y decía: Señor Jesús, recibe mi espíritu" (Hch. 7:59). El gran deseo de Pablo era "partir y estar con Cristo" (Flp. 1:23). La palabra griega para "partir" *(analuo)* se usaba en referencia a un barco que era liberado de sus amarraderos para zarpar. Los "amarraderos" que mantenían a Pablo atado a su vida terrenal era su compromiso al ministerio del evangelio, pero su deseo supremo era "zarpar y navegar para estar con Cristo".

Sin embargo, la explicación más completa de lo que le ocurre al creyente en el momento en que muere se encuentra en 2 Corintios 5:6-8:

> Así que vivimos confiados siempre, y sabiendo que entre tanto que estamos en el cuerpo, estamos ausentes del Señor (porque por fe andamos, no por vista); pero confiamos, y más quisiéramos estar ausentes del cuerpo, y presentes al Señor.

Sin perdernos en la maleza gramatical del idioma original, permítame señalar dos apreciaciones importantes que podemos recoger del griego. Primeramente, las frases en el versículo 6 "estamos en el cuerpo" y "estamos ausentes del Señor" están en el tiempo presente y representan una acción continua. Podríamos parafrasear el versículo 6 de la siguiente manera: "Así que seguimos viviendo confiados siempre, y sabiendo que entre tanto que *seguimos estando* en el cuerpo, *seguimos estando* ausentes del Señor".

En otras palabras, mientras que nuestro cuerpo está aquí en la tierra, no estamos en la presencia de Cristo en el cielo, de la misma manera que cuando estoy en una solitaria habitación de un hotel en Nueva York, no estoy en casa con mi esposa Amy en Dallas.

En segundo lugar, las frases "estar ausentes del cuerpo" y "estar presentes al Señor" indican acciones que se han completado y no acciones que siguen. Podríamos parafrasear el versículo 8 de la siguiente manera: "Pero confiamos, y más quisiéramos haber dejado completamente el cuerpo, y *finalmente* estar presentes al Señor".

Es así como me siento cuando he estado ausente de mi hogar por demasiado tiempo. Estoy listo para estar completamente ausente de Nueva York (o donde sea que me encuentre) y estar finalmente en casa con Amy.

Cuando no estoy en casa, siempre estoy pensando en Amy, y espero con ansias regresar a ella. Pero una vez que estoy en casa, definitivamente no tengo ansias de estar en esa habitación de hotel solitaria en una ciudad que no conozco. Eso es lo que está señalando Pablo en 2 Corintios 5:6, 8. Estar presente aquí (en la tierra) es estar ausente de allá (del cielo), pero estar ausente de aquí es estar presente allá. Una vez que dejemos atrás nuestro cuerpo terrenal —que no es sino el capullo del cual sale una mariposa— nuestro espíritu es transportado inmediatamente a nuestro hogar celestial donde está Cristo, mientras esperamos el momento en que recibiremos nuestro cuerpo eterno. Examinaremos esto más a fondo en la próxima sección.

El tercer cielo: nuestro hogar real pero provisional

Hasta el momento en que el cielo nuevo y la tierra nueva se hayan completado, todo creyente que muere es transportado inmediatamente a la presencia de Dios en el tercer cielo. El apóstol Pablo dice claramente que en el rapto, todo creyente recibirá su nuevo cuerpo glorificado en el cual vivirá por la eternidad. "Todo creyente" incluye a aquellos creyentes que hayan muerto antes del rapto (Pablo se refiere a ellos como "los muertos en Cristo") y también aquellos creyentes que estén vivos en el momento del rapto y que nunca experimentarán la muerte:

> Porque el Señor mismo con voz de mando, con voz de arcángel, y con trompeta de Dios, descenderá del cielo; y los muertos en Cristo resucitarán primero. Luego nosotros los que vivimos, los que hayamos quedado, seremos arrebatados juntamente con ellos en las nubes para recibir al Señor en el aire, y así estaremos siempre con el Señor.

> Por tanto, alentaos los unos a los otros con estas palabras. (1 Ts. 4:16-18)

Pablo describe el cambio instantáneo que experimentarán tanto los "muertos en Cristo" como aquellos creyentes que estén vivos en el momento del rapto:

> He aquí, os digo un misterio: No todos dormiremos; pero todos seremos transformados, en un momento, en un abrir y cerrar de ojos, a la final trompeta; porque se tocará la trompeta, y los muertos serán resucitados incorruptibles, y nosotros seremos transformados. (1 Co. 15:51-52)

No todo creyente morirá (o "dormirá" como describe Pablo lo que ocurre con el cuerpo físico del creyente al morir), sino que todos los creyentes —tanto los que estén vivos en el momento del rapto como todo creyente que haya muerto desde la época de Cristo— recibirán un nuevo cuerpo incorruptible e imperecedero que está diseñado para la eternidad.

Una pregunta interesante que suele hacer la gente es acerca del estado físico de aquellos creyentes que mueren antes del rapto. ¿Son simplemente espíritus incorpóreos que son llevados a la presencia del Señor o bien reciben algún tipo de cuerpo provisional hasta que hayan recibido su nuevo cuerpo permanente en el momento del rapto?

Algunos escritores como Randy Alcorn, creen que a los creyentes se les dará un cuerpo provisional cuando mueren mientras esperan recibir su cuerpo resucitado, glorificado y eterno en el rapto. Alcorn escribe:

> Dadas las constantes descripciones físicas del Cielo presente [un término que se refiere al tercer cielo, donde está Dios]

> y los que moran allí, pareciera posible —aunque no es definitivo— que entre nuestra vida terrenal y la resurrección de nuestro cuerpo, es posible que Dios nos conceda alguna forma física que nos permitirá funcionar como seres humanos mientras nos encontramos en ese estado poco natural de estar "entre un cuerpo y el otro", mientras esperamos nuestra resurrección.[56]

Dios nos creó con un cuerpo, un alma y un espíritu; no solo con un alma y un espíritu. Jamás ha habido un momento en que existimos sin un cuerpo físico. Antes de ser concebidos en el vientre materno, no existíamos. Pero en el momento de nuestra concepción, cuando Dios nos dio el soplo de vida, Él nos dio un cuerpo.

Además, en el nuevo cielo y la nueva tierra también existiremos de forma corpórea y no como espíritus incorpóreos. Recibiremos ese cuerpo "hecho para la eternidad" en el momento del rapto de la iglesia. Por lo tanto, podemos razonar que si siempre hemos existido de forma corpórea en el pasado y también tendremos un cuerpo físico en el futuro, ¿por qué existiríamos solo en espíritu durante el lapso de tiempo relativamente breve entre nuestra muerte y el rapto?

La Biblia no contesta de manera definitiva la pregunta de si los creyentes recibirán un cuerpo provisional antes del rapto, pero como veremos en la próxima sección, la historia que contó Jesús en Lucas 16 acerca de la experiencia de Lázaro y el hombre rico nos da una clara pista acerca de la respuesta a esta pregunta.

¿A dónde iban los santos del Antiguo Testamento al morir?

Si los creyentes desde la época de Cristo van directamente al cielo cuando mueren, ¿a dónde iban al morir los creyentes que vivieron antes de Cristo?

Antes que nada, debemos entender quiénes reunían los requisitos para ser creyentes (o "santos" como a veces se les llama) del Antiguo Testamento. Un santo del Antiguo Testamento era toda persona —judía o gentil— a quien Dios declaraba "justo". En mi libro *Not All Roads Lead to Heaven* [No todos los caminos llevan al cielo] explico detalladamente que todos los creyentes —ya sea que hayan vivido antes de Cristo o después de Cristo— son salvos de la misma manera: mediante la muerte de Jesucristo. Para aquellos que vivieron antes de Cristo, el pago de Cristo por sus pecados les era "acreditado" a su cuenta en el momento en que ejercían fe en la revelación de Dios. Abraham vivió miles de años antes de Cristo, pero "creyó a Jehová, y le fue contado por justicia" (Gn. 15:6).

En segundo lugar, es importante entender dos términos bíblicos importantes que se refieren al lugar de los muertos: la palabra hebrea es *Seol* y la palabra griega es *Hades*. Ambas palabras quieren decir más o menos lo mismo: "cubierto" o "escondido". Según piensan algunos estudiosos, el *Seol* está dividido en dos secciones: el Paraíso (o "el seno de Abraham") donde residen los justos, y un lugar de tormento llamado el *Hades*, donde residen los injustos. Según estos estudiosos, la mejor ilustración de esta división entre el seno de Abraham y el lugar de tormento se encuentra en Lucas 16:19-26:

> Había un hombre rico, que se vestía de púrpura y de lino fino, y hacía cada día banquete con esplendidez. Había también un mendigo llamado Lázaro, que estaba echado a la puerta de aquél, lleno de llagas, y ansiaba saciarse de las migajas que caían de la mesa del rico; y aun los perros venían y le lamían las llagas. Aconteció que murió el mendigo, y fue llevado por los ángeles al seno de Abraham; y murió también el rico, y fue sepultado. Y en el Hades alzó sus ojos,

> estando en tormentos, y vio de lejos a Abraham, y a Lázaro en su seno. Entonces él, dando voces, dijo: Padre Abraham, ten misericordia de mí, y envía a Lázaro para que moje la punta de su dedo en agua, y refresque mi lengua; porque estoy atormentado en esta llama. Pero Abraham le dijo: Hijo, acuérdate que recibiste tus bienes en tu vida, y Lázaro también males; pero ahora éste es consolado aquí, y tú atormentado. Además de todo esto, una gran sima está puesta entre nosotros y vosotros, de manera que los que quisieren pasar de aquí a vosotros, no pueden, ni de allá pasar acá.

Algunas personas piensan, dada la cantidad de detalles en esta historia —incluso el uso del nombre Lázaro (ninguna otra parábola usa un nombre propio)— que esta historia no es una parábola, sino un relato verdadero de la muerte de dos hombres diferentes que experimentaron dos destinos diferentes. Ya sea que se trate de una parábola o no, Jesús usa esta historia para revelar algunas verdades básicas acerca de la otra vida.

El principio más obvio en esta historia es que no todas las personas experimentan el mismo destino cuando mueren. Algunos, como Lázaro, son llevados a un lugar de paz, mientras que otros, como el hombre rico, inmediatamente empiezan a experimentar un sufrimiento horrendo. Fíjese que la división entre consuelo y agonía giraba alrededor de estar en o fuera de la presencia o del "seno" de Abraham. Para el creyente del Antiguo Testamento, el estar en la presencia del bienamado padre del pueblo judío era sinónimo de estar en la presencia de Dios mismo. Para los llamados santos y pecadores del Nuevo Testamento —los que han aceptado o rechazado la gracia de Dios dada a través de la crucifixión y la resurrección de Cristo— la otra vida gira alrededor de estar en o alejados de la presencia de Jesús.

Como dije anteriormente, algunos estudiosos de la Biblia piensan que "el seno de Abraham" era una de las dos secciones de ese lugar provisional para los muertos llamado Seol. El seno de Abraham estaba reservado para aquellos creyentes que morían antes de la resurrección de Jesucristo, tales como Lázaro en esta historia que contó Jesús. Después de que los ángeles lo llevaron al seno de Abraham, Lázaro encontró consuelo, bendición y comunión íntima con el patriarca del Antiguo Testamento.

Sin embargo, a mí esta descripción me suena mucho más como el presente (el tercer) cielo donde está Dios, y no la mitad de un "dúplex" que alberga tanto a creyentes como a no creyentes. Después de todo, según el relato de Jesús, el seno de Abraham quedaba "lejos" del Hades (el lugar de tormento para los no creyentes); no era un compartimiento contiguo. Además, Jesús le prometió al ladrón arrepentido —quien murió antes de la resurrección de Jesús— que estaría con el Señor, no solo con Abraham, en el Paraíso (Lc. 23:43).

Además, el peso de la Escritura apoya la interpretación de que el seno de Abraham es el cielo. Por ejemplo, se insinúa con bastante claridad que el fiel Enoc fue transportado directamente al cielo y no a un lugar provisional como el Seol o el Hades cuando Dios "le llevó" (Gn. 5:24; Heb. 11:5). Por otra parte, en 2 Reyes 2:1 y 2:11 dice claramente que Elías fue llevado "en un torbellino al cielo". Asimismo, David estaba convencido de que Dios no dejaría su alma en el Seol, sino que le daría "plenitud de gozo" en la presencia de Dios (Sal. 16:10-11).

David también dijo: "Ciertamente el bien y la misericordia me seguirán todos los días de mi vida, y en la casa de Jehová moraré por largos días" (23:6). Eso solo puede referirse a un lugar: el cielo. Finalmente, Salomón, el hijo de David, dijo en Eclesiastés 12:7: "[antes que] el polvo vuelva a la tierra, como era, y el espíritu vuelva a Dios que lo dio". En otras palabras, el cuerpo de los creyentes del Antiguo Testamento se descompondría y volvería a ser polvo, pero su espíritu seguiría viviendo en la presencia de Dios, también conocida como "el seno de Abraham".

¿A dónde van los no creyentes cuando mueren?

Como hemos visto, los creyentes, tanto del Antiguo como del Nuevo Testamento, entran inmediatamente en la presencia de Dios cuando mueren. Están vivos y completamente conscientes de que están en un lugar al que llamamos el "tercer cielo" mientras esperan el nuevo cielo y la nueva tierra, en las que morarán por la eternidad.

Pero, ¿qué les pasa a los no creyentes cuando mueren? Según la historia que contó Jesús acerca del hombre rico y Lázaro, los no creyentes inmediatamente son llevados al Hades, un lugar de dolor y desesperación insoportables. El Hades es el destino inmediato, pero temporal, de los no creyentes cuando mueren. Permítame explicar lo que quiero decir cuando digo "temporal".

Así como el seno de Abraham o el "tercer cielo" no es el destino eterno de los creyentes, el Hades tampoco es el destino final de los no creyentes. Más bien, el Hades es un lugar provisional para los no creyentes mientras esperan la resurrección de su cuerpo para el juicio ante el gran trono blanco, según lo describe Apocalipsis 20:11-15:

> Y vi un gran trono blanco y al que estaba sentado en él, de delante del cual huyeron la tierra y el cielo, y ningún lugar se encontró para ellos. Y vi a los muertos, grandes y pequeños, de pie ante Dios; y los libros fueron abiertos, y otro libro fue abierto, el cual es el libro de la vida; y fueron juzgados los muertos por las cosas que estaban escritas en los libros, según sus obras. Y el mar entregó los muertos que había en

> él; y la muerte y el Hades entregaron los muertos que había en ellos; y fueron juzgados cada uno según sus obras. Y la muerte y el Hades fueron lanzados al lago de fuego. Esta es la muerte segunda. Y el que no se halló inscrito en el libro de la vida fue lanzado al lago de fuego.

El lago de fuego (que también se conoce como *Gehena* en la Biblia) es el destino eterno de todos los no creyentes, así como el cielo nuevo y la tierra nueva es el destino eterno para todos los creyentes. Así como el tercer cielo (el cielo presente) es el destino provisional para los creyentes mientras esperan el cielo nuevo y la tierra nueva, el Hades es el destino provisional para todos los no creyentes mientras esperan el lago de fuego eterno.

Ni el tercer cielo ni el Hades son un "lugar de espera" neutral para los muertos. Aunque el Hades no es sino el lugar provisional para los no creyentes, es un sitio de sufrimiento indescriptible. Así como los creyentes empiezan inmediatamente a sentir y a estar conscientes del consuelo de estar en la presencia de Dios cuando mueren, los no creyentes empiezan a sentir inmediatamente el sufrimiento horrendo de estar separados de Dios en el momento de su muerte.

Fíjese cómo el hombre rico en la historia que contó Jesús pidió misericordia e imploró que se le enviara a Lázaro para que "moje la punta de su dedo en agua, y refresque mi lengua; porque estoy atormentado en esta llama" (Lc. 16:24). Hay mucha ironía en la petición del hombre rico. Durante su vida, él sabía de Lázaro y su sufrimiento. Ya que no podía comprar comida, ni aun defenderse de los perros que venían y le lamían las llagas, Lázaro se echaba a la puerta del hombre rico todos los días, mendigando las migajas que caían de la mesa del rico (vv. 20-21). Pero el rico no movía un dedo para aliviar el sufrimiento de Lázaro.

Sin embargo, después que murió, el rico ya no podía comprar alivio para su sufrimiento. Se encontraba rebajado a suplicar misericordia de alguien a quien había maltratado en la vida. Estando muerto, el rico segó lo que había sembrado mientras estaba vivo, así como lo hizo Jacob Marley en *Un cuento de Navidad* de Charles Dickens. Al hablar con Scrooge, el fantasma de Marley se lamentó: "Llevo la cadena que forjé en mi vida... La hice eslabón por eslabón, y yarda por yarda; me la ceñí por voluntad propia, y por voluntad propia la llevé".[57] Y así ocurre con todos los que miden su vida según el yo y no según el Salvador. Jesús dijo: "Porque con la misma medida con que medís, os volverán a medir" (Lc. 6:38). Y lo que le fue medido al hombre rico fue "tormento" u *odynaomai*, que quiere decir dolor y sufrimiento continuos.

Pero el hombre rico estaba equivocado al pensar que Lázaro podría separarse de la presencia de Abraham para ir a ser un ministro de misericordia en el Hades. Aun si Abraham hubiera querido enviar a Lázaro para ministrarle al hombre rico, no hubiera podido hacerlo. Dios había establecido una barrera impenetrable entre los justos y los injustos —"una gran sima" (16:26)— que impedía que los que estaban en el cielo pasaran al Hades y que los que estaban en el Hades pasaran al cielo, lo cual elimina cualquier posibilidad de ser salvo después de la muerte.

De hecho, "sabe el Señor [...], reservar a los injustos para ser castigados en el día del juicio" (2 P. 2:9). El verbo "reservar" está en el tiempo presente, lo cual indica que los injustos son mantenidos en cautiverio continuamente, así como un guarda vigila con mucha atención a un convicto encarcelado en el corredor de la muerte. Una vez que los no creyentes mueren y están en cautiverio esperando el juicio final, su suerte está sellada.

Vemos que el hombre rico no era una persona completamente desalmada, aun estando en el Hades. No queriendo que sus hermanos que todavía estaban vivos sufrieran como él, le suplicó a Abraham que enviara a Lázaro a sus cinco hermanos para advertirles de lo que les esperaba a menos que se arrepintieran. Pero una vez más, Abraham se negó a hacerlo. Los hermanos tenían la Escritura, que les proveía toda la información que necesitaban acerca de la salvación.

Pero el hombre rico no quiso aceptar el "no" de Abraham, insistiendo que sus hermanos solo creerían si vieran la señal milagrosa de que alguien regresara de la muerte. Abraham le respondió: "Si no oyen a Moisés y a los profetas, tampoco se persuadirán aunque alguno [como Lázaro] se levantare de los muertos" (Lucas 16:31). Estas palabras de Jesús resultaron ser proféticas porque aun cuando Jesús resucitó de entre los muertos, la gran mayoría de las personas siguieron sin creer.

El cielo o el infierno: una decisión eterna

La historia de Jesús acerca de Lázaro y el hombre rico revela la siguiente verdad básica acerca de lo que ocurre cuando morimos: o bien empezamos inmediatamente a sentir la dicha eterna de estar en la presencia de Dios o empezamos inmediatamente a sentir el horror interminable de estar separados de Dios.

Es verdad que en algún momento en el futuro después de morir, los creyentes pasarán del tercer cielo —la presencia de Dios— al cielo nuevo y a la tierra nueva. De igual manera, los no creyentes también pasarán de un lugar a otro después del juicio ante el gran trono blanco; pasarán del lugar de sufrimiento provisional (el Hades) al lugar de tormento eterno (el lago de fuego).

Pero en ambos casos, se trata solo de un cambio de lugar y no de un cambio de experiencia. La verdad más fundamental que revela Jesús en esta historia es que en el momento que morimos, nuestro destino eterno queda sellado para siempre.

A medida que usted contempla si está transitando por el camino que lleva al cielo o al infierno, considere las siguientes palabras aleccionadoras de mi amigo Erwin Lutzer:

> Cinco minutos después de morir, usted habrá tenido, ya sea su primera vislumbre del cielo con su dicha y euforia, o bien su primera experiencia genuina de horror y pena incesantes. De cualquier manera, su futuro se habrá fijado de manera irrevocable y para toda la eternidad. En esos primeros momentos, usted estará más consciente de lo que jamás lo ha estado. Recuerdos gráficos de sus amigos y su vida en el planeta tierra se mezclarán con una expectativa sobrecogedora de la eternidad. Habrá tenido su primera vislumbre directa de Cristo o su primer encuentro con la maldad de una manera que nunca la ha conocido. Y será demasiado tarde para cambiar su destino.[58]

Si espera el momento de su muerte para escoger su destino eterno, habrá esperado un segundo demasiado.

5

¿QUÉ HAREMOS EN EL CIELO?

Bien, buen siervo y fiel; sobre poco has sido fiel, sobre mucho te pondré; entra en el gozo de tu señor.

Mateo 25:23

En una cena, los invitados estaban hablando de la posibilidad de galardones y castigos después de la muerte. Sam se quedó callado, lo cual no era lo normal para él, ya que era un hablador nato. Sin querer que se sintiera excluido de la conversación, su anfitriona se volvió a él y le pidió su opinión acerca del cielo y del infierno. "No quiero expresar una opinión —dijo Sam—. Es mi política el guardar silencio, ya que tengo amigos en ambos lugares".[59]

"Sam" era Samuel Clemens, mejor conocido como Mark Twain, y ciertamente hablaba mucho de ambos lugares. Por ejemplo, en un discurso, Twain bromeó:

La elección me hace pensar en la historia de un hombre que se estaba muriendo. Tenía solo dos minutos para vivir, de modo que mandó a traer a un ministro, y le preguntó: "¿A qué lugar es mejor ir?" Ya que estaba indeciso, el ministro le dijo que cada lugar tenía sus ventajas: el clima era mejor en el cielo, pero en el infierno había más personas de sociedad.[60]

Este cuento humorístico de Twain ilustra una mentira que muchos han creído acerca del cielo: que será un lugar de aburrimiento eterno, poblado por personas aburridas.

Tres mitos populares acerca de Dios y del cielo

El escritor de ciencia ficción y ateo, Isaac Asimov, también abrazaba esta creencia y una vez dijo: "No creo en la otra vida, así que no tengo que pasar toda mi vida temiéndole al infierno o temiéndole aún más al cielo. Porque, sean cuales sean las torturas en el infierno, creo que el aburrimiento en el cielo será aun peor".[61]

Usted y yo tal vez estaríamos de acuerdo con esa conclusión si creyéramos algunos de los mitos comunes acerca de Dios, del cielo y de la eternidad.

Mito #1: Dios es un aguafiestas cósmico

Mark Twain tal vez haya bromeado diciendo que la ventaja del cielo es el clima, y la ventaja del infierno es la gente que estará allí, pero el cielo y el infierno no son asunto de risa. Aunque usted no lo crea, muchas personas —como Isaac Asimov— han tomado decisiones acerca de su destino eterno basado en dónde piensan que habrá la verdadera fiesta interminable. Estas personas ven a Dios como un cascarrabias gruñón y Satanás como el alma de la fiesta. Los que han llegado a esa conclusión están convencidos de que el cielo debe ser tan aburrido como ver secar una pared recién pintada, mientras que el infierno debe ser tan emocionante como manejar en una carrera de NASCAR. Sin embargo, estas dos conclusiones erróneas se basan en algunos malentendidos básicos acerca de Dios y Satanás.

¿En algún momento se ha encontrado usted en una cena sentado junto a un personaje sumamente aburrido que tuvo que aguantar toda la noche? Los minutos parecen ser horas, y usted siente que la velada nunca terminará. Satanás es ese tipo de compañero. En realidad, no tiene nada de interesante. Nunca jamás ha creado nada. ¿Quién desearía tener que aguantarlo por toda la eternidad?

Pero Dios no tiene nada de aburrido. Él es suma y eternamente fascinante. Solo fíjese en el mundo presente que Él ha creado para que vivamos en él. El cielo es el lugar donde todo será bueno, hermoso, agradable, refrescante y emocionante eternamente porque el Creador del cielo tiene todas esas características.

Mito #2: El cielo será monótono

Algunas personas están convencidas de que por muy interesantes que sean las actividades en el cielo, el hacerlas vez tras vez por toda la eternidad llegará a ser monótono. Su lema es: "El hacer algo bueno demasiado no es bueno, sino aburrido".

Pero el problema no es el cielo, sino nosotros. Una amiga mía solía decirles a sus hijos cada vez que se quejaban de estar aburridos: "Solo la gente aburrida se aburre". No era que los hijos de mi amiga no tuvieran suficiente que hacer; tenían una casa llena de juegos de video, televisores, películas, juegos de mesa, equipos deportivos, mascotas y amigos; simplemente se cansaban de hacer las mismas cosas todos los días. Es irónico que cualquier niño (o hasta adulto) en los Estados Unidos pudiera jugar con equipos de video que valen miles de dólares y estar más aburridos con su vida que un niño en África que juega con dos palos y una piedra.

La verdad es que nos es difícil soportar la monotonía de la vida en la tierra, aun si ésta consiste en juegos y actividades divertidas, de modo que suponemos que la vida en el cielo será tan monótona y aburrida como nuestra vida aquí. Pero la monotonía no tiene que ser aburrida, como señaló G. K. Chesterton:

> El niño patea sus piernas de manera rítmica porque tiene demasiada vitalidad, no porque no tenga la suficiente. Ya que los niños tienen una vitalidad abundante y un espíritu intenso y libre, quieren que las cosas se repitan y no cambien. Siempre dicen: "Vuélvelo a hacer"; y el adulto lo vuelve a hacer hasta estar hastiado. Pues los adultos no son lo suficientemente fuertes como para regocijarse en la monotonía. Pero es posible que Dios sí sea lo suficientemente fuerte como para hacerlo. Tal vez Dios le diga cada mañana al sol y cada noche a la luna: "Vuélvelo a hacer"[...]. Él tal vez tenga el apetito eterno de la infancia; porque nosotros hemos pecado y hemos envejecido, pero nuestro Padre es menor que nosotros.[62]

Las actividades en el cielo nunca se volverán monótonas —aun si las hacemos una vez tras otra— porque ya no habitaremos en un cuerpo que envejece y se cansa, ni en un mundo infectado por el pecado, el cual hace que la vida sea tediosa. En ese "lugar llamado cielo" disfrutaremos de un "exceso de vida". Volveremos a ser como niños que le dicen a su Padre celestial: "¡Hazlo otra vez!"

Mito #3: El cielo consistirá en un culto de iglesia largo

La idea de que el cielo consistirá en un culto de adoración largo es un mito persistente. Hace unos años, vino un predicador invitado a nuestra iglesia, y dijo: "Si les cuesta aguantar un culto de adoración de dos horas aquí en la tierra, estarán muy descontentos en el cielo porque lo único que vamos a hacer durante toda la eternidad es alabar a Dios". Yo rezongué cuando oí eso porque hacía a la gente pensar que el cielo iba a ser algo sumamente pesado y aburrido, lo cual pude comprobar ya que muy pocas personas en la congregación dijeron "¡Amén!" a eso.

No me malentienda. Soy un pastor a quien le encanta cantar alabanzas a Dios con el pueblo de Dios. Sin embargo, aunque fuimos creados por Dios para adorar, fuimos creados para hacer *más* que adorar.

Aunque adorar a Dios será una actividad fundamental en el cielo, no será nuestra única actividad. Así como los creyentes hoy día pueden adorar a Dios mientras llevan a cabo otras tareas a lo largo de la semana, los creyentes en el cielo nuevo y la tierra nueva adorarán a Dios durante momentos designados y especiales y también mientras están involucrados en otras actividades.

Dos responsabilidades principales: adorar y trabajar

Cuando Dios creó a Adán, le dio dos responsabilidades principales: trabajar y adorar. La Escritura dice que "Jehová Dios plantó un huerto en Edén, al oriente; y puso allí al hombre que había formado" para que "lo labrara y lo guardase" (Gn. 2:8, 15). Ese era el trabajo que Adán tenía que llevar a cabo.

Pero Adán también fue creado para adorar a Dios. Génesis 3:8 da a entender que Adán y Eva tenían comunión con Dios todos los días mientras se paseaban con Él "al aire del día". Cuando Cristo establezca nuestro hogar eterno en la tierra nueva, tendremos una existencia así como el Edén. Y así como Adán tenía dos responsabilidades principales en el Edén, nosotros tendremos dos responsabilidades principales en el cielo nuevo y la tierra nueva.

Adoración estimulante como jamás ha experimentado

Uno de los aspectos más notables de nuestra adoración en el cielo será ver a Jesús cara a cara. Nuestra respuesta a esa experiencia será completamente diferente a cualquier cosa que hemos experimentado en la tierra. Tal vez la descripción siguiente lo ayude a vislumbrar cómo será nuestra adoración en ese "lugar llamado cielo".

Sabemos que las huestes angelicales adoran al Padre y al Hijo sin cesar con gritos de alabanza. Según Juan, habrá millones de ángeles alabando a Dios en el cielo: "Y su número era millones de millones" (Ap. 5:11). Ese sonido debe ser diferente a cualquier cosa que hayamos escuchado en la tierra.

Hace unos cuantos años, los hinchas del equipo de fútbol americano Seattle Seahawks establecieron un récord mundial como los hinchas más ruidosos de la NFL (Liga Nacional de Fútbol Americano]. El 2 de diciembre de 2013, durante una postura defensiva del tercer down en contra de los New Orleans Saints, los hinchas de los Seahawks produjeron gritos ensordecedores de 137,6 decibelios. (Un motor de reacción a unos cien pies (30 metros) de distancia produce un rugido de 140 decibelios.) ¡La "adoración" de los hinchas de los Seahawks era tan fuerte que produjo un pequeño terremoto![63]

La aclamación de una multitud de hinchas de fútbol no va a ser mayor que la de los "hinchas celestiales" que aun ahora alaban a Dios en el tercer cielo. De vez en cuando oigo quejas de miembros de la iglesia quienes dicen que la música en nuestros cultos es "demasiado alta". Pues, la adoración en el cielo no va a ser una experiencia de contemplación privada con música suavecita. ¿Cómo lo sé? Mire la descripción que da Isaías de la adoración angelical a Dios que está siendo elevada ahora mismo en el cielo:

> Y los quiciales de las puertas [del templo] se estremecieron con la voz [de los ángeles quienes clamaban en adoración a Dios], y la casa se llenó de humo (Is. 6:4).

Un día nosotros añadiremos nuestra voz a ese coro celestial de ángeles que claman "¡Aleluya!". ¡Alabado sea Dios!

> Después de esto miré, y he aquí una gran multitud, la cual nadie podía contar, de todas naciones y tribus y pueblos y lenguas, que estaban delante del trono y en la presencia del Cordero, vestidos de ropas blancas, y con palmas en las manos; y clamaban a gran voz, diciendo: La salvación pertenece a nuestro Dios que está sentado en el trono, y al Cordero. (Ap. 7:9-10)

El número y el sonido de los que alaban en el cielo será diferente a nuestra adoración en la tierra. Pero el número de adoradores y el volumen de su adoración no será lo único notable en el cielo: allá no habrá nadie que cante de manera indiferente o superficial; en el cielo todos cantarán con fervor y pasión. La adoración en el cielo será espontánea, genuina y estimulante. "Adorar no será algo que se nos asigna o manda a hacer; será algo natural —escribió Joni Eareckson Tada—. Será una efervescencia sobrenatural que surge espontáneamente de la persona nacida de nuevo y lista para el cielo".[64]

Si en algún momento ha tenido la experiencia increíble en un culto de adoración donde lo que salía de sus labios reflejaba exactamente la adoración de su corazón, entenderá lo que describe Joni. Y en vez de ser una excepción que surge rara vez en medio de la actividad programada y rutinaria que muchos creyentes realizan casi todos los domingos, cuando estemos en la presencia de Dios en el cielo nuevo y la tierra nueva, cada vez que adoramos, fluirá de lo más profundo de nuestro corazón.

Pero en el cielo nuevo y la tierra nueva, la adoración no se limitará a tiempos formales de adorar a Dios. Randy Alcorn preguntaba si "estaremos siempre adorando a Dios".[65] La respuesta es "si" y "no", dependiendo de nuestra definición de lo que es la adoración. Si limitamos la adoración a alabar a Dios, orar y predicar, entonces la respuesta es "no". Estaremos involucrados en muchas otras actividades más allá de tiempos formales de adoración.

Por otra parte, si definimos la adoración como lo definía Pablo, entonces la respuesta es "sí". Pablo escribió: "Si, pues, coméis o bebéis, o hacéis otra cosa, hacedlo todo para la gloria de Dios" (1 Co. 10:31). En otras palabras, debemos adorar a Dios cuando nos sentamos a comer, cuando conversamos con nuestro cónyuge o un amigo, cuando jugamos con nuestros niños o nietos, cuando manejamos al trabajo o disfrutamos de unas vacaciones.

La adoración es estar conscientes siempre de Dios y tener una actitud de gratitud y sumisión a Él en todo lo que hacemos. Honro a Dios con mi adoración cuando estoy disfrutando de una comida junto a mis hijas y dándole gracias por ellas, cuando estoy sentado en una playa en Maui reflexionando acerca de su poder majestuoso o preparándome para una conversación difícil y pidiéndole a Él que me ayude a reflejar su punto de vista. Debemos dejar de pensar que solo podemos adorar a Dios cuando no estamos haciendo más nada. Más bien, lo adoramos mientras estamos haciendo todas nuestras otras actividades.

Un trabajo vigorizante del cual disfruta

Dios es un trabajador. Después de crear el mundo, no se jubiló (aunque sí tomó un día de descanso). Él trabajó antes que el pecado entrara en el mundo y sigue trabajando mientras el pecado sigue en el mundo. Jesús declaró: "Mi Padre hasta ahora trabaja, y yo trabajo" (Jn. 5:17). Ya que somos creados a la imagen de Dios, no debe sorprendernos que también hayamos sido creados para trabajar. Contrario a lo que muchos creen, el trabajo no es una "maldición" de Dios que vino como resultado del pecado de Adán y Eva en el huerto. Antes que la primera pareja tomara su primer mordisco de la fruta prohibida, Dios les dio la responsabilidad de trabajar: "Tomó, pues, Jehová Dios al hombre, y lo puso en el huerto de Edén, para que lo labrara y lo guardase" (Gn. 2:15).

Aunque el Edén era perfecto, había que labrarlo. Dios hizo su parte al crear este pequeño paraíso en la tierra, pero le dio al hombre la responsabilidad de cultivarlo, al labrar la tierra y sembrar y cosechar los cultivos. Aunque es cierto que el trabajo de Adán y Eva se hizo mucho más difícil después de su caída debido al juicio de Dios, el trabajo siempre ha sido —y siempre será— parte del plan de Dios para cada uno de nosotros.

Uno de mis mejores amigos me dijo que cuando él era adolescente, su papá a veces lo encontraba sentado en un sofá mirando televisión. Me dijo que la respuesta de su padre siempre era la misma. Le decía: "¡Levántate de ese sofá y haz algo! ¿Quién te crees, un holgazán internacional?" Nuestro Padre celestial no nos creó para estar sentados sin hacer nada. Es por eso que el concepto de la jubilación hoy en día es erróneo: va en contra del plan de Dios básico para nuestra vida de que cada uno de nosotros hagamos algo productivo con nuestra vida. Aunque tal vez dejemos de trabajar para el empleador que nos paga un sueldo, nunca debemos dejar de realizar una actividad significativa, quedándonos sentados como holgazanes internacionales.

Ya que nuestra vida en el cielo nuevo y la tierra nueva es simplemente una extensión de nuestra vida ahora, no debemos sorprendernos de que Dios quiera que sigamos trabajando en el cielo nuevo y la tierra nueva. El cielo no será un lugar de jubilación eterna donde no hacemos nada sino jugar golf y tocar un arpa mientras vivimos de un plan de jubilación que nunca se agota.

Usted dirá: "Un momento, ¿estaremos trabajando durante toda la eternidad? ¡Eso a mí me suena más como el infierno que el cielo!" La única razón por la cual hacemos una mueca de disgusto cuando pensamos en el concepto de trabajar durante toda la eternidad es porque la maldición del pecado ha afectado nuestra labor; nuestro cuerpo se cansa, puede haber tensión en nuestras relaciones con los demás, las normas del gobierno pueden ser gravosas y nuestro entorno no nos ayuda para nada.

Pero en el cielo nuevo y la tierra nueva, todos esos efectos desaparecerán porque "No habrá más maldición" (Ap. 22:3). En este mundo, el trabajo puede ser agotador, aun si lo disfrutamos, pero en el mundo nuevo, el trabajo será vigorizante.

Obviamente, una vez que la maldición del pecado haya sido quitada de la tierra, algunos trabajos desaparecerán automáticamente. Por ejemplo, ya no habrá necesidad de médicos (la enfermedad será erradicada), odontólogos (ya no existirán las caries), los bomberos (ya no habrá destrucción) ni directores de funeraria (la muerte habrá sido eliminada). Como mencioné anteriormente, es probable que se elimine hasta mi trabajo de predicador, ya que no habrá necesidad de predicar en contra del pecado porque no existirá el pecado y "la tierra será llena del conocimiento de la gloria de Jehová, como las aguas cubren el mar" (Hab. 2:14).

Eso no quiere decir que personas como yo estaremos desempleados y viviendo de la asistencia social. Tal vez para nosotros, lo que era simplemente un pasatiempo en la tierra llegará a ser una vocación en el cielo. O tal vez Dios nos asigne una nueva tarea, una que será ideal para nosotros. La mayoría de los creyentes no deben sorprenderse si su trabajo en el cielo nuevo y la tierra nueva posiblemente sea una extensión y una ampliación de su trabajo ahora, menos los impedimentos que hace que su trabajo sea gravoso.

Del cultivo a la creación

Si la vida en el huerto del Edén sirve de modelo de lo que podemos esperar en el cielo, entonces podemos esperar pasar la eternidad cultivando y creando. En el principio, Dios creó la naturaleza y dijo que era buena. Pero el plan de Dios era que los que Él creó a su imagen cultivaran la naturaleza e hicieran de ella algo muy bueno.

Por ejemplo, las cerezas son buenas, pero el pastel de cerezas es muy bueno; los aguacates son buenos, pero el guacamole es muy bueno; los tomates son buenos, pero la salsa es muy buena. Entonces cuando Dios creó al hombre y lo colocó en el huerto, Él le encargó a Adán que lo cultivara y cuidara de lo que Dios había empezado. Pero Adán debía no solo cultivar, sino crear, lo cual demostró cuando usó su imaginación para ponerles nombres a los animales.

Dios todavía llama al hombre a cultivar y a crear hoy día. El automóvil, el avión, la computadora y el teléfono inteligente son ejemplos de la creatividad que Dios le ha dado al hombre para hacer del mundo un lugar aún más agradable para vivir.

No deberíamos sorprendernos del hecho de que seguiremos siendo creativos en el cielo nuevo y la tierra nueva. ¿Por qué no habríamos de hacer pasteles de cereza, comer salsa, escribir libros, hacer películas, producir canciones, enseñar clases o hacer mil otras cosas que hacemos en la tierra?

Si usted desea tener una idea de lo que su trabajo pudiera ser en el cielo, hágase la pregunta que me hizo una vez mi amigo Bobb Biehl: "Si el dinero y la educación no fueran un factor a considerar y si usted pudiera hacer cualquier cosa en el mundo con la garantía de no fallar, ¿qué haría? ¿Por qué es ésta una pregunta pertinente? Según Filipenses 2:13, "Dios es el que en vosotros produce así el querer como el hacer, por su buena voluntad". Dios es el que siembra en nosotros el "querer", es decir, el deseo en nuestro corazón de llevar a cabo su propósito para nuestra vida. Uno de los mejores indicios de lo que debemos estar haciendo en esta vida y lo que estaremos haciendo en la otra vida son los deseos que Dios ha colocado en nuestro corazón.

Dios no desperdicia los dones, las experiencias ni los deseos; todos estos son componentes esenciales de nuestro propósito único, no solo en esta vida sino también en la otra vida. Recuerde que nuestra vida es una progresión que empieza en la tierra y se extiende más allá de la tumba. En el cielo seremos las personas que somos aquí en la tierra. Cuando morimos, no nos transformamos en personas diferentes con diversos intereses, dones, habilidades, responsabilidades y llamados. Por lo tanto, podemos suponer que nuestro trabajo en la tierra nueva se parecerá de alguna manera al trabajo que Dios nos ha llamado a hacer en esta tierra.

Una descripción de trabajo específica: señorear y reinar

Además de cultivar y crear, Adán y Eva debían ser como los corregentes de Dios sobre la creación; el rey y la reina de la tierra.

> Entonces dijo Dios: Hagamos al hombre a nuestra imagen, conforme a nuestra semejanza; y señoree en los peces del mar, en las aves de los cielos, en las bestias, en toda la tierra, y en todo animal que se arrastra sobre la tierra. (Gn. 1:26; véase el v. 28)

Sin embargo, su decisión consciente de rebelarse contra Dios los obligó a renunciar a su reino sobre la creación. Con el tiempo, Dios envió a un "segundo Adán" —Jesucristo— y estableció una segunda Eva —la iglesia— para que reinaran algún día sobre un nuevo reino. Y cuando Cristo regrese y establezca su reinado milenario (un período de tiempo al que generalmente se le llama el milenio), Él designará a sus seguidores fieles (usted y yo) para señorear junto con Él.

El reino de Cristo no será dirigido por políticos profesionales (¿quiénes me dicen "Amén"?) sino por sus seguidores. El criterio según el cual se seleccionan los líderes en el nuevo mundo será completamente diferente al criterio que se usa en este mundo. La selección de los dirigentes no se basará en el nepotismo ni la transigencia. Más bien, los hombres y las mujeres serán elevados a puestos de liderazgo en el nuevo mundo según su fidelidad y servicio a Dios en el mundo presente.

Sin embargo, nuestro reinado se extenderá más allá del reino milenario de Cristo durante el milenio y seguirá en pie durante el estado eterno del cielo nuevo y la tierra nueva. El profeta Daniel tuvo una visión del Mesías venidero —Jesús— y se le dijo:

> Después recibirán el reino los santos del Altísimo, y poseerán el reino hasta el siglo, eternamente y para siempre. Y que el reino, y el dominio y la majestad de los reinos debajo de todo el cielo, sea dado al pueblo de los santos del

> Altísimo, cuyo reino es reino eterno, y todos los dominios le servirán y obedecerán. (Dn. 7:18, 27)

Cuando esto ocurra, cumpliremos en la tierra nueva el papel que Dios les asignó originalmente a Adán y a Eva en la tierra vieja, y "reinaremos por los siglos de los siglos" (Ap. 22:5).

Señorear y reinar con Cristo suena fascinante. Pero, ¿quiénes reúnen los requisitos para reinar? ¿Qué exactamente implica reinar? ¿Y cuál es el alcance de nuestro reinado?

¿A quiénes se les da la oportunidad de señorear y reinar?

He oído a incontables predicadores opinar que los que reinarán con Cristo en el mundo venidero serán sus seguidores más humildes en este mundo, los que llevan a cabo los trabajos más serviles. Estos predicadores sostienen que el único requisito para que se le asigne a uno un papel de liderazgo en el otro mundo es tener las cualidades necesarias en este mundo, es decir, las cualidades que mencionó Jesús en las Bienaventuranzas: humildad, pureza, apacibilidad y misericordia.

Personalmente, no estoy de acuerdo en absoluto. Aunque es cierto que el carácter es importante tanto en este mundo como en el próximo, el carácter no es el único requisito para ser líder. Los que liderarán y reinarán con Cristo en el mundo nuevo serán aquellos quienes tienen el deseo y la habilidad para reinar. Francamente, hay creyentes maravillosos que están totalmente dedicados a Cristo a quienes les aterroriza la idea de tener que estar a cargo de algo. Para estos, tener grandes responsabilidades de liderazgo en la eternidad se parecería más al infierno que al cielo.

Si usted es una persona así, tranquilícese. Si a usted le gusta más trabajar con las manos que dirigir a otras personas, lo más probable es que eso también es lo que estará haciendo en el mundo nuevo. Si usted se siente más cómodo tratando con las personas individuales que con miles de personas, no se sorprenda si Dios lo coloca en un papel similar en el cielo nuevo. Generalmente, las únicas personas a quienes les apasiona la idea de liderar y reinar con Cristo por la eternidad son aquellos a quienes les gusta ser líderes en este mundo.

Sin embargo, el solo tener el deseo y las habilidades necesarias para ser líder no lo habilita automáticamente para liderar con Cristo en el mundo nuevo. El mayor factor determinante de las responsabilidades de liderazgo en la próxima vida será su fidelidad a Dios en esta vida. Como hemos dicho anteriormente, lo que usted hace en la tierra hace eco en los pasillos del cielo.

Jesús ilustró esta verdad de manera poderosa en su parábola de las minas registrada en Lucas 19. La historia —la cual se puede aplicar a nuestro papel tanto en el reino milenario como en el estado eterno— empieza con un hombre noble que viaja "a un país lejano, para recibir un reino" (Lc. 19:12). Esta es una referencia a la muerte, la resurrección y la ascensión de Jesús al cielo, donde Él reina ahora a la diestra de Dios el Padre.[66] Cuando Cristo regrese a la tierra, así como el hombre noble regresó de su viaje, establecerá su reino, primeramente durante el milenio, y luego por la eternidad.[67]

Sin embargo, antes de irse de viaje, el hombre noble le da a cada uno de sus diez siervos una mina: una moneda griega que valía cien dramas, es decir, el sueldo de unos tres meses. La mina representa la totalidad del tiempo, los tesoros y las oportunidades que Dios nos ha concedido a todos nosotros en esta vida. A cada uno de nosotros se nos da una sola vida que debemos vivir e invertir para el Señor antes que Él regrese. Y así como el hombre noble, cuando regresó, requirió de sus siervos que dieran cuenta de su uso de las minas, Cristo algún día requerirá de todos nosotros que demos cuenta de cómo usamos la vida que Él nos encomendó.

En la historia que contó Jesús, el primer siervo reportó un rendimiento de 1000 por ciento sobre el monto invertido, y el hombre noble lo felicitó. Le dijo al primer siervo: "Está bien, buen siervo; por cuanto en lo poco has sido fiel, tendrás autoridad sobre diez ciudades" (Lc. 19:17). El segundo siervo reportó un rendimiento de 500 por ciento y se le dio autoridad sobre "cinco ciudades" (v. 19).

Pero un tercer siervo no había sido tan diligente. En vez de invertir el dinero de manera sabia, había escondido la mina, temiendo que si perdía el dinero debido a una mala inversión su amo lo reprendería. El hombre noble condenó a este siervo en vez de premiarlo y le dijo: "¿Por qué, pues, no pusiste mi dinero en el banco, para que al volver yo, lo hubiera recibido con los intereses?" (v. 23).

Su amo le había dado una mina a este tercer siervo y este le devolvió al amo exactamente una mina. Su error fue no haber aprovechado lo que se le había encomendado. Recuerde que la mina representa todo lo que Dios nos ha encomendado durante nuestra breve estadía en la tierra. Dios nos presta todo lo que tenemos —nuestro tiempo, nuestro dinero, nuestros dones, nuestras oportunidades— para que usemos estos para expandir su reino.

Pero hay una paradoja: aunque nuestra existencia en la tierra es "lo poco" (v. 17) comparado con la eternidad, tenemos la oportunidad de acrecentar el valor de nuestra vida en la tierra al invertirla en la expansión del pueblo de Dios. Nuestra habilidad y disposición para hacer tal inversión determinará nuestras responsabilidades en el nuevo reino que establezca Cristo cuando Él venga.

Desafortunadamente, durante la breve ausencia de su amo, el tercer siervo no invirtió de manera sabia lo que se le había encomendado, y en vez de felicitarlo, el amo lo condenó. Lo que se le había dado al tercer siervo le fue quitado y se le dio al primer siervo, pues "a todo el que tiene, se le dará; mas al que no tiene, aun lo que tiene se le quitará" (Lc. 19:26).

Dios ha puesto en nuestras manos no solo un precioso tesoro —nuestra vida— sino también una gran responsabilidad: la de usar nuestro tiempo y tesoro limitados en esta vida para promover los propósitos de Dios en vez de los nuestros.

¿En qué consistirá liderar y reinar?

Liderar y reinar con Cristo en su nuevo reino consistirá en por lo menos dos responsabilidades: juzgar y gobernar. En 1 Corintios 6:2, Pablo escribió: "los santos han de juzgar al mundo". La palabra griega traducida "juzgar" *(krino)* se puede referir a dictar un veredicto en contra de alguien o puede ser un sinónimo de gobernar. Como cogobernantes con Jesucristo seremos responsables tanto de juzgar como de gobernar en su reino nuevo. Aunque en la Escritura no hay ningún indicio de que usted y yo pronunciaremos juicios en contra de otros seres humanos, es muy posible que pudiéramos participar en el futuro juicio de ciertos ángeles.

En 1 Corintios 6:3, Pablo preguntó: "¿No sabéis que hemos de juzgar a los ángeles?" Esta es una pregunta curiosa, ya que el Salmo 8:4-5 dice que Dios ha hecho al ser humano poco menor que los ángeles. Pero en el estado eterno, nuestra posición es invertida: seremos elevados por encima de los ángeles. Tal vez Pablo se refería a los ángeles caídos que están esperando ser juzgados por el pecado de cohabitar con las mujeres, según se describe en Génesis 6. O puede ser que Pablo usó la palabra "juzgar" como sinónimo de nuestra responsabilidad de gobernar las órdenes angelicales en el cielo nuevo y la tierra nueva. Tendremos que esperar llegar al cielo para recibir la respuesta a esa pregunta.

Yo estoy convencido de que los que reinan con Cristo durante el milenio y en el cielo nuevo y la tierra nueva estarán involucrados principalmente en gobernar el vasto reino de Dios. Era una práctica en la antigüedad que los reyes nombraran a ciudadanos fieles para servir como corregentes sobre todo o una parte del reino. Por lo menos tres hombres en el Nuevo Testamento fueron nombrados como primer ministro sobre sus respectivas naciones: José sobre Egipto (Gn. 41:38-44), Daniel sobre Babilonia y el Imperio Medo-Persa (Dn. 6:3), y Mardoqueo sobre Persia (Ester 8:1-2; 10:3). Aunque la Escritura no provee muchos detalles acerca de qué implicará el gobernar en el reino nuevo de Dios, podemos estar confiados que la experiencia será estimulante y eternamente gratificante ya que es un galardón por haber sido fieles a Dios en esta vida.

Dios les asignó a Adán y a Eva la tarea de reinar sobre la antigua creación de Dios. De la misma manera, a los que han recibido responsabilidades de liderazgo como galardón, se les asignará la tarea de reinar sobre la creación nueva del Señor: los cielos nuevos y la tierra nueva. Ese liderazgo incluirá el gobernar a los creyentes, quienes trabajarán en el nuevo reino glorioso de Cristo. Aunque nuestra residencia principal será la Nueva Jerusalén, nuestro trabajo nos llevará más allá de la tierra nueva hasta entrar en las galaxias distantes de los cielos nuevos, y el espacio estelar con sus innumerables estrellas y planetas.

Tres beneficios permanentes del cielo

No piense que nuestra vida en el cielo consistirá sólo en trabajar y no en divertirnos. Aunque una de las cosas que haremos en el cielo es llevar a cabo un trabajo gratificante, no es lo único que haremos. Además de adorar a Dios y de trabajar para Él, la

Biblia indica por lo menos otras tres actividades que ocuparán nuestro tiempo en el cielo nuevo y la tierra nueva.

Disfrutar de la comunión con otros creyentes

Fuimos creados para vivir en comunidad, y esa necesidad de otras personas no desaparecerá en la eternidad. Pero en el cielo nuevo y la tierra nueva, experimentaremos las relaciones más íntimas y gratificantes que jamás podríamos imaginar. Mi amigo David Jeremiah observa:

> Ya que seremos el pueblo de Dios recreado, seremos completamente compatibles unos con otros, y por primera vez podremos disfrutar de la comunión íntima que todos anhelamos en nuestro corazón.[68]

Ya no existirán las sospechas, los motivos impuros y el egoísmo que manchan aun las mejores relaciones en la tierra. Tendremos comunión perfecta, no solo con los que ya conocemos, sino también con aquellos héroes de la fe sobre los cuales solo hemos leído.

Imagínese qué tan fascinante será hablar con Adán acerca de cómo era la vida en el Huerto antes de que entrara el pecado al mundo. Nos encontraremos fascinados por la historia de:

- Noé y su experiencia durante el gran diluvio,
- La intervención a último momento de Dios cuando Abraham ofreció a Isaac,
- Cómo los hijos de Israel escaparon de las carrozas del Faraón,
- La victoria de David sobre el gigante Goliat, y
- La sorpresa que se llevaron los seguidores de Jesús ese primer domingo de Resurrección.

Hablaremos de teología con Agustín, Jerónimo, Martín Lutero y Juan Calvino; de ciencia con Blaise Pascal, Isaac Newton y George Washington Carver. Discutiremos lo que significa ser valiente con William Wilberforce y Martin Luther King Jr. John Newton nos contará acerca de su experiencia al componer el himno cristiano más conocido. Hablaremos de libros con G. K. Chesterton, J. R. R. Tolkien y C. S. Lewis, y aprenderemos cómo fue predicar a miles de personas de Dwight L. Moody y Billy Graham.

Desde nuestro primer día en el cielo y todos los días que le siguen, caminaremos por las calles del cielo nuevo y la tierra nueva diciendo: "¡Por ahí va Jeremías! ¡Y por allá está Eva! No lo puedo creer: ahí está Pablo hablando con los hermanos Wesley, John y Charles. Por allá está Ester… y Caleb… y Juan… y Salomón… y…"

Será mejor que se traiga su álbum de autógrafos porque ver a todas estas personas será una maravillosa experiencia.

Aprender más acerca de Dios

Como vimos anteriormente, el profeta Habacuc prometió que venía un día en que "la tierra será llena del conocimiento de la gloria de Jehová, como las aguas cubren el mar" (Hab. 2:14). Tal vez Pablo tuvo este versículo en mente cuando escribió a los corintios: "Ahora conozco en parte; pero entonces conoceré como fui conocido" (1 Co. 13:12).

En el cielo nuevo y la tierra nueva definitivamente entenderemos más acerca de Dios de lo que entendemos ahora. Pero ¿exactamente cómo vendrá ese conocimiento? En el momento de nuestra muerte, cuando entramos en la presencia de Dios, ¿bajará el Señor a nuestra mente un perfecto y completo entendimiento de Sí mismo? Tal vez. Pero piense acerca de sus relaciones más valiosas en la tierra: su cónyuge, sus hijos y sus amigos más allegados. Indudablemente se habrá gozado en aprender más acerca de estas personas a través de los años; no habrá recibido toda esta información a la vez. Imagínese qué tan aburrida sería la eternidad si supiéramos todo lo que hay que conocer acerca de Dios al principio y no tuviéramos nada nuevo que descubrir durante toda la eternidad.

Ya puedo oír a un estudiante veterano de la Escritura exclamar: "Pero ¿qué de Jeremías 31:34? 'Y no enseñará más ninguno a su prójimo, ni ninguno a su hermano, diciendo: Conoce a Jehová; porque todos me conocerán, desde el más pequeño de ellos hasta el más grande'. ¿No da a entender eso un entendimiento completo e instantáneo de Dios?"

El tipo de enseñanza que Jeremías dice que ya no se necesitará en el reino de Dios es una exhortación a entrar en una relación con Dios. A eso se refiere cuando dice "Conoce a Jehová". Todos los que están en el cielo nuevo y la tierra nueva ya tendrán una relación con Dios. Pero eso no quiere decir que todos sabrán todo lo que hay que conocer acerca de Dios de manera inmediata e instantánea.

Por ejemplo, cuando conocí por primera vez a mi esposa, Amy, en la clase de matemáticas de séptimo grado de la señora Denny, ¡lo único que sabía de ella era que era la jovencita más linda que jamás había visto! Pero cuando empezamos a pasarnos notas (y a meternos siempre en problemas por hacerlo), llegué a saber más acerca de ella. Con el tiempo, esa amistad se transformó en romance, lo cual nos llevó a comprometernos y a la larga a estar casados por más de cuarenta años. Y con cada año que pasa, sigo aprendiendo cosas nuevas acerca de ella.

Si puedo seguir aprendiendo cosas nuevas acerca de un ser humano finito como Amy, ¡cuánto más habrá que conocer acerca de nuestro Dios infinito! Como dijo un teólogo:

Dios nos dejará cada vez más asombrados, y nos enamoraremos cada vez más de Él, lo cual nos llevará a disfrutar cada vez más de su presencia y de nuestra relación con Él. Nuestra experiencia de Dios nunca llegará a consumarse. Nunca sentiremos que hemos llegado al final, como el que llega a la cima de una montaña y descubre que ya no hay más nada que ver. Nuestra experiencia de Dios nunca se volverá aburrida. Se profundizará y se desarrollará, se intensificará y se amplificará, se desplegará, aumentará, se ensanchará y crecerá.[69]

Experimentar verdadero descanso

Ya hemos visto que en la eternidad no seremos relegados a flotar en una nube, tocando suavemente un arpa. Dios tiene una tarea específica para cada uno de nosotros, un trabajo que nos entusiasmará y nos librará de los estorbos terrenales que nos agotan. Sin embargo, eso no quiere decir que no descansaremos. Cuando Dios creó el mundo, Él descansó el séptimo día, no porque estuviera agotado, sino para reflexionar sobre lo que había realizado. De igual manera, Dios apartó ciertos días, semanas y años para que la nación de Israel descansara.

Dios entiende que vivimos bajo la tiranía de lo urgente, lo cual nos causa estrés. Es por eso que Jesús les dijo a los agotados y estresados: "Venid a mí todos los que estáis trabajados y cargados, y yo os haré descansar" (Mt. 11:28). Esa promesa trasciende esta tierra vieja y sigue en pie en la tierra nueva. En Apocalipsis 14:13, Dios le mandó al apóstol Juan que escribiera estas palabras: "Bienaventurados de aquí en adelante los muertos que mueren en el Señor [...]. Descansarán de sus trabajos, porque sus obras con ellos siguen".

Esta promesa que se le dio a Juan se refiere a aquellos creyentes que fueron martirizados por su fe durante la gran tribulación. Finalmente podrán descansar de su labor. Juan no quiso decir que jamás tendrían que volver a trabajar, ni que dormirían una siesta eterna. La palabra griega *kopos*, que se traduce "trabajos" quiere decir que estos creyentes, junto con los creyentes futuros, serán liberados de la carga pesada de tratar de vivir una vida piadosa en un mundo impío.

Pero el tipo de descanso del cual disfrutaremos en el cielo nuevo y la tierra nueva trasciende la mera ausencia de hostilidad y persecución. El descanso al cual se refiere Jesús será el mismo tipo de descanso que experimentó nuestro Padre celestial después de los seis días de la creación del universo.

> Es un respiro momentáneo del trabajo que nos permite saborear la satisfacción de un trabajo bien hecho.
>
> Es una suspensión de nuestra labor que nos permite reflexionar acerca de lo que hemos logrado y decir: "Es bueno… ¡es muy bueno!"
>
> Es un descanso que nos recuerda que por muy importante que sea nuestro trabajo —aun en el cielo nuevo y la tierra nueva— habrá otros aspectos de la vida que también hemos de disfrutar, entre los cuales están las relaciones perfectas con otras personas y con Dios que siempre hemos anhelado tener.

6

LAS PERSONAS EN EL CIELO, ¿SABEN LO QUE OCURRE EN LA TIERRA?

> Porque he aquí que yo crearé nuevos cielos y nueva tierra; y de lo primero no habrá memoria, ni más vendrá al pensamiento.
>
> Isaías 65:17

Imagínese que está muerto. Está de pie a la entrada del cielo. Pedro está ahí para saludarlo. Él toma su nombre y revisa su reservación. Todo está en orden, así que le da la bienvenida al cielo con una sonrisa. Mientras lo lleva a su habitación, le da un paquete: una túnica blanca, una corona de oro y una entrada para el cine.

La túnica y la corona no son necesariamente una sorpresa; usted recuerda haber leído en algún sitio acerca de las túnicas y las coronas en el cielo. Pero una entrada de cine es algo inesperado.

—¿Para qué es la entrada? —pregunta usted.

—Es para la película —responde Pedro—. Esta noche vamos a ver un programa doble. La primera película la protagoniza su amigo, el que murió...

Es una tragedia, en realidad… una película de horror sería tal vez una mejor descripción, ya que su amigo no pudo entrar acá. Está en el infierno. Sin embargo, la segunda película se trata de su vida. Usted es el protagonista, y entre los actores secundarios están su cónyuge, sus hijos y docenas de sus amigos y conocidos. La escena culminante es su funeral. ¡Es un dramón! Pero no quiero echar a perder la película. ¡Creo que la disfrutará mucho!
—Antes que usted pueda responder, Pedro añade—: Aquí está su llave. Descanse un rato. Y asegúrese de llegar al cine temprano.

Va a ser un éxito de taquilla. Todo el cielo va a asistir —luego Pedro le sonríe, da la vuelta en sus sandalias y se va caminando.

Estoy bastante seguro que en el cielo no se entregan entradas de cine para películas que muestran nuestra vida, o en las cuales protagonizan las personas que van al infierno. Pero muchas personas sí se preguntan si los habitantes del cielo pueden ver lo que está pasando en la tierra, o si hasta pueden vislumbrar las tinieblas del infierno. Y si lo hacen, ¿podrían estar mirándolo a usted ahora mismo?

Los testigos en el cielo

Después de darnos una gira por el panteón de los héroes en Hebreos 11, el autor de este libro concluye:

> Por tanto, nosotros también, teniendo en derredor nuestro tan grande nube de testigos, despojémonos de todo peso y del pecado que nos asedia, y corramos con paciencia la carrera que tenemos por delante. (Heb. 12:1)

A primera vista, este versículo parece dar a entender que los habitantes actuales del cielo son como espectadores en una competencia de atletismo, sentados en las gradas mirando mientras los habitantes de la tierra corren la carrera de la fe.

Si somos sinceros, la idea de que miles de millones de ojos están puestos en cada cosa que hacemos es un poco espeluznante. El pensar que Salomón —el autor del manual sobre el amor de pareja que lleva su nombre— podría tener una mirilla a su dormitorio pudiera ser un poquito desconcertante. O qué tal si su abuela también lo estuviera mirando... pues, ¡ya me entiende!

Pero ¿eso es lo que enseña Hebreos 12:1? Aunque la palabra "testigos" sí da a entender espectadores, el versículo en realidad no enseña que todos los habitantes del cielo están sentados observándonos mientras picotean palomitas de maíz y toman Coca-Cola. En el contexto, la "multitud de testigos" se refiere solo a los santos del Antiguo Testamento que se mencionan en Hebreos 11. Lo que está señalando el autor es que a la luz del ejemplo de aquellos que perseveraron en su fe, nosotros también debemos seguir obedeciendo a Dios sin importar los obstáculos que enfrentemos.

No obstante, sí hay algunos indicios de que los que están en el cielo están conscientes de lo que ocurre fuera del cielo. Por ejemplo, Cristo debe estar consciente de la obediencia y desobediencia de los creyentes en la tierra, ya que Él condenó y felicitó a las siete iglesias en Apocalipsis 2-3. Además, el apóstol Pablo se dio cuenta que un auditorio celestial estaba presenciando sus acciones en la tierra, ya que describió su vida como "un espectáculo para todo el universo, tanto para los ángeles como para los hombres" (1 Co. 4:9). Dado este versículo, podemos suponer que, los ángeles también están conscientes de las actividades de las personas en la tierra.

La Escritura nos provee otros ejemplos de personas en el cielo que, por lo visto, saben lo que está ocurriendo en la tierra.

Abraham y el hombre rico

Ya hemos hablado de la historia que contó Jesús en Lucas 16, capítulo 4, acerca de Lázaro y el hombre rico, pero hay una observación más que debemos hacer referente a esta historia. Una vez que el hombre rico llegó al Hades —la residencia provisional de los muertos no salvos— inmediatamente tuvo consciencia de su propio tormento y del gozo de Lázaro en el cielo. Esto es importante porque algunos teólogos y tradiciones cristianas (como los Adventistas del Séptimo Día) enseñan que la consciencia deja de existir en el momento de la muerte, un concepto que llaman "el sueño del alma".[70]

El hombre rico se dirigió a Abraham, y Abraham le contestó al hombre rico, lo cual indica que ambos estaban completamente conscientes. Ambos hombres podían pensar, hablar, oír, ver, sentir, recordar y reconocerse, y ambos sabían lo que estaba pasando en el mundo del otro. El hombre rico estaba enterado de la dicha de Lázaro, mientras que Abraham estaba consciente del tormento del hombre rico.

Pareciera que los habitantes del Hades están conscientes de lo que está ocurriendo en el cielo, y que los habitantes del cielo están conscientes de lo que ocurre en el Hades. Pero ¿las personas en el cielo saben lo que está ocurriendo en la tierra?

Los mártires durante la tribulación y el juicio sobre la tierra

Durante ese terrible momento futuro del juicio de Dios sobre la tierra, que se conoce como la tribulación —los siete años entre el rapto de la iglesia y la segunda venida de Cristo— muchos llegarán a tener fe en Jesús. Sin embargo, así como hoy día los creyentes en el Medio Oriente son masacrados por su fe, los que se entregan a Dios durante la tribulación también tendrán que pagar el precio supremo por seguir a Cristo. Cuando Juan tuvo su visión celestial, vio a estos creyentes martirizados reunidos alrededor del trono de Dios, pidiendo a gritos justicia contra aquellos que los habían matado.

> Cuando abrió el quinto sello, vi bajo el altar las almas de los que habían sido muertos por causa de la palabra de Dios y por el testimonio que tenían. Y clamaban a gran voz, diciendo: ¿Hasta cuándo, Señor, santo y verdadero, no juzgas y vengas nuestra sangre en los que moran en la tierra? (Ap. 6:9-10)

Estos seguidores de Cristo en el cielo que habían sido asesinados estaban completamente conscientes de lo que estaba ocurriendo —o no estaba ocurriendo— en la tierra. Sus perseguidores en la tierra seguían agrediendo al pueblo de Dios sin ser retenidos. Su clamor era: "Dios, ¿por cuánto tiempo vas a permitir que estos enemigos de Cristo sigan haciendo estas cosas? ¡Es el momento de intervenir y hacer algo!" Obviamente, solo podían estar frustrados por la (aparente) inacción de Dios porque estaban conscientes de lo que estaba ocurriendo en la tierra.

Más adelante en la visión de Juan, al final de la tribulación y antes de la batalla culminante del Armagedón, todos los santos en el cielo se levantaron con un gran rugido de aprobación al ver el juicio de Dios sobre la tierra. Estos santos gritaban:

> ¡Aleluya! Salvación y honra y gloria y poder son del Señor Dios nuestro; porque sus juicios son verdaderos y justos; pues ha juzgado a la gran ramera que ha corrompido a la tierra con su fornicación, y ha vengado la sangre de sus siervos de la mano de ella. (19:1-2)

Una vez más, la aclamación de los creyentes en el cielo por el juicio de Dios sobre sus enemigos en la tierra solo será posible, si efectivamente, los habitantes del cielo están conscientes de lo que está ocurriendo en la tierra.

Los santos en el cielo y la salvación de los no salvos

A Jesús le encantaba contar historias. Tres de sus historias más conocidas se encuentran en Lucas 15: las parábolas de la oveja perdida, de la moneda perdida y del hijo perdido. Las tres historias tienen un solo propósito: el de contrastar la actitud de los fariseos santurrones, quienes detestaban a los pecadores, con la actitud del Dios verdaderamente justo, quien ama a los pecadores. Jesús estaba dando a entender lo mismo en las tres historias: cuando uno pierde algo de valor —una oveja, una moneda, un niño— uno no maldice el objeto perdido. Más bien, uno lo busca y se regocija cuando lo encuentra.

Dios tiene esta misma actitud hacia las personas que están viviendo aparte de Él. Dios no odia a los que están "perdidos". Él los ama y se regocija grandemente cuando es reconciliado con ellos. Pero Jesús dijo que Dios no es el único que se goza cuando un pecador se reconcilia con Dios.

> Os digo que así habrá más gozo en el cielo por un pecador que se arrepiente, que por noventa y nueve justos que no necesitan de arrepentimiento. Así os digo que hay gozo *delante de los ángeles de Dios* por un pecador que se arrepiente. (Lc. 15:7, 10; énfasis añadido)

Jesús no dijo que los ángeles se regocijaban de que los perdidos se arrepintieran, aunque probablemente lo hacen. Jesús dijo que había gozo "delante de los ángeles de Dios", lo cual indica que los creyentes en el cielo están celebrando la salvación de los pecadores en la tierra. Piense acerca de esto: aparte de Dios, ¿quiénes en el cielo se regocijarían por la salvación de un no creyente (especialmente si ese no creyente fuera por casualidad un amigo o familiar) más que los que han recibido la redención?

Si los ciudadanos del cielo se regocijan de la salvación de los pecadores, entonces no solo saben lo que está pasando en la tierra en sentido general, sino que están conscientes de las decisiones específicas que los individuos están tomando en la tierra, es decir, si han aceptado o rechazado el don de salvación que ofrece Cristo.

Los cautivos en el infierno

Ya que parece que los creyentes en el cielo están conscientes del compromiso de fe que hacen los que están en la tierra, ¿será que estos mismos creyentes en el cielo se lamentan por la condenación de otros? Y de ser así, ¿cómo pudieran las personas en el cielo ser felices sabiendo que las personas a quienes amaban en la tierra están siendo atormentadas en el infierno?

Estas son preguntas intrigantes. Pero antes de abordarlas, hay unas verdades acerca del infierno que necesitamos entender.

La necesidad del infierno

El infierno no fue parte de la creación original de Dios; no era necesaria. Cuando Dios creó el universo, dijo que era "muy bueno". Pero cuando Satanás se rebeló y reclutó a la primera pareja para su golpe en contra del Todopoderoso, el infierno llegó a ser necesario. El autor Warren Wiersbe explica por qué:

> El infierno da testimonio del carácter justo de Dios. Él tiene que juzgar el pecado. El infierno también da testimonio de la responsabilidad del hombre y del hecho que él no es un

> robot ni una víctima impotente, sino una criatura que es capaz de tomar decisiones. Dios no "manda a las personas al infierno"; ellas se mandan a sí mismas cuando rechazan al Salvador... El infierno también da testimonio de lo terrible que es el pecado. Si nosotros llegáramos a ver el pecado como lo ve Dios, entenderíamos por qué existe un lugar como el infierno.[71]

El propósito de Satanás en el mundo es tanto siniestro como sencillo: usar todos los medios disponibles para socavar y destruir el plan de Dios para su universo. Ya que cada ser humano desde la caída de la primera pareja ha estado infectado por el virus del pecado, Satanás tiene millones de cómplices disponibles para ayudarlo en sus esfuerzos.

Cuando la gente hace la pregunta: "¿Por qué permite Dios el mal en el mundo?" no tiene que mirar más lejos que el espejo. Son los seres humanos y no Dios los responsables de la terrible condición en la que se encuentra nuestro planeta.

¿Por qué aquejan nuestras ciudades la prostitución, las peleas entre pandillas, y el abuso de drogas?

¿Por qué luchan las empresas y los gobiernos contra las mentiras, los intentos de encubrir actividades ilícitas y la corrupción?

¿Por qué son destruidas nuestras familias por el divorcio, el adulterio y la pornografía?

¿Por qué se dividen las iglesias por temas como el estilo de alabanza, la personalidad de los pastores y la búsqueda de pertinencia cultural?

Estas son solo algunas de las consecuencias devastadoras de habernos rebelado contra nuestro Creador. Pero esta rebelión no durará para siempre. Un día el universo será restaurado a su estado original. La maldad ya no triunfará; ni siquiera existirá. Pero para que eso ocurra, los que se han negado a recibir el amor de Dios tendrán que ser puestos en cuarentena y separados de los creyentes en la otra vida. Si los no creyentes no fueran aislados en el infierno del resto de la creación, entonces el mal infectaría nuevamente la creación de Dios y destruiría el nuevo cielo y la nueva tierra.

¿Qué queremos decir con la palabra "infierno"?

Como vimos en el capítulo 4, la palabra griega *hades* se refiere al lugar en el que están provisionalmente los muertos no salvos. El Nuevo Testamento usa otras dos palabras griegas para describir el destino de los no salvos que nosotros generalmente llamamos el "infierno".

El apóstol Pedro usó la palabra *tartaros* cuando dijo: "Porque si Dios no perdonó a los ángeles que pecaron, sino que arrojándolos al infierno [*tartaros*] los entregó a prisiones de oscuridad, para ser reservados al juicio" (2 P. 2:4). Así como el Hades es un destino provisional para las personas no salvas, *tartaros* es una prisión provisional para cierto grupo de ángeles malvados.

La mayoría de los demonios (los ángeles que escogieron seguir a Satanás en su rebelión original contra Dios) están libres para errar por la tierra, llevando a cabo actividades destructivas cada vez que tienen la oportunidad de hacerlo. Pero los demonios aprisionados en *tartaros* no están libres de movilizarse porque cometieron un pecado particularmente atroz en contra de Dios. Muchos creen que este pecado fue el de cohabitar con las mujeres en la tierra según lo describe Génesis 6, un pecado que hizo que Dios los enviara inmediatamente a este lugar provisional llamado *tartaros* hasta su juicio final:

> Y a los ángeles que no guardaron su dignidad, sino que abandonaron su propia morada, [Dios] los ha guardado bajo oscuridad, en prisiones eternas, para el juicio del gran día. (Jud. 6)

Ese juicio "del gran día" será cuando Dios lanza a Satanás y a todos sus ángeles caídos al "lago de fuego y azufre" (Ap. 20:10). La palabra griega *gehena*, que también se traduce "infierno" en las Biblias en español, se refiere al lugar de tormento eterno para Satanás y sus demonios, el Anticristo y el falso profeta, y todos los no creyentes. El nombre se deriva del hebreo *gen hinnom*, el "valle de Hinnom" o "el valle de Ben Hinnom".[72] Con el tiempo, el nombre fue acortado para formar *ge-hinnom* y la traducción griega llegó a ser *gehena*.

El valle de Hinnom se encuentra inmediatamente al suroeste de Jerusalén. En la época de Jeremías, el valle era el lugar donde los judíos ofrecían sacrificios humanos, incluso donde quemaban vivos a los niños al dios falso Molec.[73] Jeremías se refería a este lugar como el "Valle de la Matanza" (Jer. 7:30-33).

Ya para la época de Cristo, el valle se había convertido en el vertedero municipal de Jerusalén y lugar de entierro para criminales. Debido a la historia sórdida del valle en cuanto a los sacrificios de niños que se habían ofrecido allí, los judíos en el primer siglo asociaban *Gehena* con un lugar de condenación y castigo eternos para los malvados. Según Jesús, *Gehena* era el lugar de "las tinieblas de afuera; [...] el llanto y el crujir de dientes. Donde el gusano de ellos no muere, y el fuego nunca se apaga" (Mt. 8:12; Mr. 9:48). Este es el destino eterno de todos los que se niegan a confiar en Jesucristo para el perdón de sus pecados.

¿Cómo es el infierno?

En *Cartas del diablo a su sobrino*, C. S. Lewis pone en boca del demonio principal del infierno las siguientes palabras: "El camino más seguro al infierno es definitivamente el camino gradual: una pendiente ligera, con pasto suave bajo los pies, sin giros bruscos, sin mojones, sin letreros".[74]

No hay duda de que eso es cierto. Jesús dijo que el camino al infierno es espacioso y que su puerta es ancha (Mt. 7:13). Es fácil entrar al infierno, pero imposible salir de él. ¿Qué revela la Biblia acerca de este destino tan real para los que mueren sin Cristo?

Al mirar lo que la Biblia dice acerca del Hades (el destino inmediato pero provisional de los no salvos) y el *Gehena* (el destino eterno de los no salvos, también conocido como "el lago de fuego" o el "infierno") podemos averiguar información importante acerca de este terrible lugar. Para más simplicidad, de aquí en adelante usaremos el término general "infierno" para describir tanto el destino provisional como el destino eterno de los no salvos.

El infierno es un lugar físico

Así como el cielo, el infierno es un lugar geográfico. La historia del hombre rico y Lázaro nos revela que el infierno queda "lejos" (Lc. 16:23), que es un lugar donde hay llamas (v. 24) y que está separado del cielo por "una gran sima" (v. 26). Estas frases describen un lugar, no un estado mental. Y Juan describió al infierno como "el lago de fuego" (Ap. 19:20; 20:10, 14-15). Al terminar el juicio final, antes que se dieran a conocer el cielo nuevo y la tierra nueva, Juan observó: "Y la muerte y el Hades fueron lanzados al lago de fuego" (20:14). Solo un lugar físico (el Hades) puede ser lanzado a otro lugar físico (el lago de fuego).

Las palabras en Mateo 25:32-46 acerca de la separación de las ovejas de los cabritos son un fuerte elemento a favor de la idea de que el cielo es un lugar geográfico. Al final de los siete años de la tribulación, Jesús separará a los creyentes (las ovejas) de los no creyentes (los cabritos). Él dijo que los cabritos "irán[...] al castigo eterno" (al infierno), mientras que las ovejas irán "a la vida eterna" (al cielo) (v. 46). Es completamente ilógico que Jesús diga que los creyentes van a ir a un lugar geográfico (el cielo), pero que los no creyentes son enviados a un estado mental desagradable (el infierno). En otros versículos de Mateo 25, Jesús no nos deja ninguna duda de que el infierno es real cuando dice que los no creyentes son "malditos" y serán lanzados "al fuego eterno preparado para el diablo y sus ángeles" (v. 41).

Aunque el infierno y sus llamas son reales, los fuegos del infierno no consumarán el cuerpo ni el espíritu de aquellos que son lanzados ahí. Más bien, estos no creyentes sufrirán tormento físico y espiritual por toda la eternidad. Así como quemarse la mano en una estufa caliente sin chamuscarse la carne, los que están en el infierno experimentarán la sensación sin tener las cicatrices.

El infierno es un lugar de tormento físico eterno

La Biblia enseña que el cuerpo de todos los que jamás han vivido —tanto creyentes como no creyentes— será "resucitado". Los creyentes recibirán un cuerpo nuevo que les permitirá disfrutar de los indescriptibles placeres del cielo nuevo y de la tierra nueva. Los no creyentes recibirán un cuerpo que les permitirá experimentar el sufrimiento real y eterno del infierno.

Si a usted le es difícil creer que Dios les daría a los no creyentes un cuerpo "nuevo" con el único fin de experimentar el sufrimiento eterno, lea detenidamente las palabras de Jesús en Juan 5:

> No os maravilléis de esto; porque vendrá hora cuando todos los que están en los sepulcros oirán su voz; y los que hicieron lo bueno, saldrán a resurrección de vida; mas los que hicieron lo malo, a resurrección de condenación. (vv. 28-29)

Juan "vio" la resurrección futura de los no salvos en su visión registrada en Apocalipsis 20:11-15:

> Y vi un gran trono blanco y al que estaba sentado en él, de delante del cual huyeron la tierra y el cielo, y ningún lugar se encontró para ellos. Y vi a los muertos, grandes y pequeños, de pie ante Dios; y los libros fueron abiertos, y otro libro fue abierto, el cual es el libro de la vida; y fueron juzgados los muertos por las cosas que estaban escritas en los libros, según sus obras. Y el mar entregó los muertos que había en él; y la muerte y el Hades entregaron los muertos que había en ellos; y fueron juzgados cada uno según sus obras. Y la muerte y el Hades fueron lanzados al lago de fuego. Esta es la muerte segunda. Y el que no se halló inscrito en el libro de la vida fue lanzado al lago de fuego.

Algunos teólogos han intentado exonerar a Dios del cargo de castigar a la gente de manera cruel e inusual al promover la doctrina de la aniquilación. Esta creencia dice que los no creyentes son destruidos —es decir, aniquilados— en vez de ser castigados físicamente por toda la eternidad. Uno de los argumentos que usan los defensores de esta creencia es el hecho de que tanto Jesús como Pablo hablan de la "destrucción" de los que van al infierno.[75] Pero la palabra griega que se traduce "destrucción" (*olethros*) no significa aniquilación, sino "ruina repentina". Se refiere a la separación de Dios y la pérdida de todo lo que hace la vida digna de ser vivida.

Como pastor, frecuentemente soy testigo de tal destrucción. Por ejemplo, cuando un hombre destruye a su familia por medio del adulterio y del divorcio, o cuando un alcohólico destruye su reputación por medio de la adicción, el sufrimiento que experimentan no es momentáneo, sino que persiste toda su vida.

La doctrina de la aniquilación también contradice la enseñanza muy clara de Apocalipsis 19:20 y 20:10. Después de la batalla culminante de Armagedón y el regreso de Jesucristo a la tierra, el Anticristo y el falso profeta son lanzados al "lago de fuego" eterno (Ap. 19:20). Después de mil años, Satanás y sus secuaces también son lanzados al mismo lago de fuego:

> Y el diablo que los engañaba fue lanzado en el lago de fuego y azufre, donde estaban la bestia [el Anticristo] y el falso profeta; y serán atormentados día y noche por los siglos de los siglos. (20:10)

Fíjese la frase "donde *estaban* la bestia y el falso profeta". Si el Anticristo y el falso profeta —ambos seres humanos— hubieran sido destruidos en el momento en que fueron lanzados al lago de fuego, Juan hubiera escrito: "donde *habían estado* la bestia y el falso profeta". Pero después de mil años, esos dos todavía estaban vivos y estaban sufriendo en aquel lugar donde "serán atormentados día y noche por los siglos de los siglos".

La frase "por los siglos de los siglos" es importante porque reitera la declaración de Jesús de que el infierno es un lugar de "castigo [físico] eterno" (Mt. 25:46). También es importante porque es exactamente la misma frase que usa Juan para describir nuestra adoración perpetua de Dios, la vida perpetua de Dios y el reino de Dios que jamás tendrá fin.[76] Mi predecesor en First Baptist Church Dallas, el doctor W. A. Criswell, solía observar que si reducimos por un minuto el lapso de tiempo que los no creyentes pasarán en el infierno, entonces por lógica tendríamos que reducir un minuto del tiempo que pasarán los creyentes en el cielo, ya que la frase "por los siglos de los siglos" se usa para describir la experiencia tanto de creyentes como de no creyentes.

El infierno es un lugar de soledad indescriptible

Muchas personas bromean diciendo que prefieren ir al infierno porque ahí es donde habrá una gran fiesta. Pero no habrá ninguna fiesta en el infierno. Nadie se relacionará con otras personas en ese lugar porque nadie podrá ver nada ni nadie. Jesús describió el infierno como "las tinieblas de afuera" (Mt. 8:12). Es un lugar donde no está la luz de Cristo, porque todos los que están en el infierno están "excluidos de la presencia del Señor" (2 Ts. 1:9).

A un amigo mío le gustar explorar las cuevas. En muchas cuevas, como los Carlsbad Caverns en Nueva México, tienen iluminación para que la gente pueda apreciar las estalagmitas, las estalactitas y otras formaciones rocosas inusuales. Pero en una de las giras de mi amigo a una cueva en Colorado, no había ninguna iluminación, con excepción de la luz de linternas de mano y de cabeza. Al avanzar lentamente sobre el estómago por el suelo fangoso de la cueva, mi amigo la estaba pasando de maravilla. Sin embargo, cuando el guía les dijo a todos que apagaran sus linternas, la oscuridad de la cueva lo envolvió. Mi amigo dijo que aquella oscuridad le causó claustrofobia. No podía verse la mano al levantarla, pero lo peor fue que ni siquiera estaba seguro si tenía los ojos abiertos o cerrados. Perdió todo sentido de dirección. Si no hubiera tenido los pies plantados firmemente en el suelo de la cueva, no hubiera podido distinguir para qué lado era arriba o abajo. No había ni un puntito de luz. Y aunque él sabía que había gente a su alrededor —su esposa, el guía y los otros turistas— jamás en su vida se había sentido tan aislado de toda la humanidad. Me dijo que era una oscuridad y un aislamiento que eran imposibles de explicar ni comprender.

El infierno debe ser así: un abismo de oscuridad y soledad totales.

El infierno es un lugar de donde no se regresa

El infierno es un destino eterno; la parábola de Lázaro y el hombre rico lo da a entender claramente. Abraham le dijo al hombre rico, quien estaba sufriendo un tormento provisional, que "una gran sima" separaba el cielo del Hades, "de manera que los que quisieren pasar de aquí [del cielo] a vosotros, no pueden, ni de allá pasar acá" (Lc. 16:26).

Una vez que muramos, nuestro destino eterno llega a ser eso mismo: eterno.

El novelista James Joyce en *El retrato del artista adolescente* capta un poco de la desesperación y la desesperanza que todos los que están en el infierno deben conocer. Después de describir para su congregación el sufrimiento que ocurre en el infierno, un predicador dijo:

> Consideren finalmente que el tormento de esta prisión infernal es aumentado por la manera en que se relacionan los mismos condenados... en el infierno, todas las normas son anuladas; no se considera en absoluto la familia, la nación, los lazos, las relaciones. Los condenados dan alaridos y se gritan unos a otros; su tortura y su ira es intensificada por la presencia de otros seres que también son torturados y están enfurecidos como ellos. Todo sentido de humanidad queda olvidado. Los gritos de los pecadores sufrientes llenan los rincones más remotos del vasto abismo. La boca de los condenados está llena de blasfemias en contra de Dios, de odio por los otros seres que sufren a su alrededor, y de maldiciones en contra de aquellas almas que eran sus cómplices en el pecado... Se vuelven contra esos cómplices y los reprenden y maldicen. Pero están desesperados y desesperanzados; ya es demasiado tarde para arrepentirse.[77]

Nadie se escapa de los confines del infierno. El infierno es un destino eterno. Si espera hasta entrar en el infierno para arrepentirse, habrá esperado demasiado.

El infierno será el destino de la mayoría de la humanidad

Muchas personas creen que debe haber un infierno para la gente verdaderamente malvada, como Adolfo Hitler, José Stalin, Pol Pot, Charles Manson y Osama Ben Ladin. Pero a estas mismas personas les parece inconcebible que muchas personas buenas que simplemente no han confiado en Jesús para recibir su perdón también pudieran ser condenadas a estar en un lugar de tormento eterno. ¿Qué de aquellos que nunca han oído el nombre de Jesús? ¿O aquellos que han abrazado otras religiones de manera sincera y están viviendo una vida recta y moral? ¿Dios verdaderamente los consignaría a un lugar tan horrendo?

Como dije en mi libro *Not All Roads Lead to Heaven* [No todos los caminos llevan al cielo], Jesús enseñó que solo un pequeño porcentaje de la población mundial descubriría el verdadero camino a la vida eterna. En Mateo 7:13-14, Jesús dijo:

> Entrad por la puerta estrecha; porque ancha es la puerta, y espacioso el camino que lleva a la perdición, y *muchos* son los que entran por ella; porque estrecha es la puerta, y angosto el camino que lleva a la vida, y *pocos* son los que la hallan. (Énfasis añadido)

Por muy difícil que sea aceptarlo, los "muchos" que se encuentran en el camino ancho no son sólo asesinos en serie, violadores de niños y terroristas. Personas sinceras y religiosas que son buenos vecinos y que aman a sus hijos también se encuentran en el camino al infierno. En el día del juicio, Jesús lanzará al infierno aun a personas que dicen haber hecho actos religiosos en el nombre de Jesús, como Él mismo reveló:

> No todo el que me dice: Señor, Señor, entrará en el reino de los cielos, sino el que hace la voluntad de mi Padre que está en los cielos. Muchos me dirán en aquel día [del juicio]: Señor, Señor, ¿no profetizamos en tu nombre, y en tu nombre echamos fuera demonios, y en tu nombre hicimos muchos milagros? Y entonces les declararé: Nunca os conocí; apartaos de mí, hacedores de maldad. (Mt. 7:21-23)

Nos es difícil aceptar la declaración de Jesús de que la mayoría de las personas irán al infierno debido a *nuestra estima demasiado baja* de Dios. Suponemos que Dios debe ser tan tolerante del pecado como lo somos nosotros. Después de todo, nosotros regularmente hacemos caso omiso del pecado en otras personas y en nosotros mismos, así que, ¿por qué no lo haría Dios? Sin embargo, nuestra tolerancia del pecado no es una prueba de nuestra piedad, sino de nuestra impiedad.

Escuche la reprensión mordaz de Dios hacia los israelitas —y todos nosotros— en el Salmo 50:21: "Pensabas que de cierto sería yo como tú". Dios no se parece en nada a nosotros. Habacuc dice de Dios: "Muy limpio eres de ojos para ver el mal, ni puedes ver el agravio" (Hab. 1:13). Y por esa razón, Él debe castigar y castigará el pecado. Cada pecador tiene una oportunidad de recibir el perdón que ofrece Cristo. Si lo recibe, irá al cielo. Y cada pecador también tiene la oportunidad de rechazar el perdón que ofrece Cristo. Si lo rechaza, irá al infierno.

También nos es difícil aceptar las palabras de Jesús en Mateo 7 porque tenemos *una estima demasiado alta de nosotros mismos*. Nuestra percepción inflada de nuestra propia bondad y justicia hace que nos consideremos ser la medida de toda bondad y justicia. Y según esa medida, especialmente si nos comparamos con los Hitler o Bin Laden del mundo, estamos bien a la altura, o por lo menos así lo pensamos.

Pero Dios utiliza un estándar diferente de medir la moralidad. Por ejemplo, la diferencia entre el Polo Norte y el Polo Sur es poca comparada con la distancia entre el Polo Norte y la estrella más alejada en todo el universo. De igual manera, la diferencia moral entre Adolfo Hitler y nosotros es bastante, pero es mínima comparada con la diferencia entre un Dios perfecto y una humanidad imperfecta.

El estándar de Dios es la santidad perfecta. Ninguno de nosotros está a la altura de ese estándar. Es por eso que Pablo escribió: "Por cuanto todos pecaron, y están destituidos de la gloria de Dios" (Ro. 3:23). Los no creyentes no pasarán la eternidad en el infierno porque no son buenos, sino porque *no son lo suficientemente buenos*. El filósofo cristiano, Peter Kreeft, tenía razón cuando dijo: "El infierno no está poblado de rebeldes apasionados, sino de personas afables, decentes e indiferentes, a quienes simplemente Jesucristo nunca les importó un comino".[78]

¿El gozo en el cielo será disminuido por lo que ocurre en la tierra y en el infierno?

Parece claro que los creyentes en el cielo saben lo que está ocurriendo en la tierra, por lo menos en cierto sentido, y según la historia de Lázaro y el hombre rico, también saben lo que está ocurriendo en el infierno. Entonces, una pregunta natural sería cómo pudiéramos ser felices en el cielo al ver que nuestros seres amados en la tierra sufren de terribles enfermedades, relaciones quebrantadas o adicciones destructivas.

¿Y cómo pudiéramos disfrutar del cielo nuevo y de la tierra nueva sabiendo que algunos de los amigos y familiares que más amamos estarán sufriendo en el infierno? Por ejemplo, ¿podría usted realmente disfrutar de todo lo que Dios le tiene preparado —por maravilloso que sea— sabiendo que uno de sus hijos está siendo atormentado día y noche por los siglos de los siglos?

Esta es una pregunta difícil de contestar porque nos falta la sabiduría y el conocimiento para entender a fondo la mente de Dios. Sin embargo, las siguientes son tres posibles respuestas a la pregunta de cómo podremos reconciliar nuestro gozo en el cielo con el saber que nuestros seres amados sufren en la tierra y en el infierno.

¿Borrará Dios nuestros recuerdos?

Un filósofo cristiano plantea la siguiente teoría: "Dios posiblemente borre los recuerdos de un hijo rebelde de la mente de su madre para que ella pueda disfrutar plenamente de la dicha de estar en el cielo, sin siquiera estar consciente de que tenía un hijo, quien ahora está en el infierno".[79] Esta idea proviene de Isaías 65:17:

> Porque he aquí que yo crearé nuevos cielos y nueva tierra; y de lo primero no habrá memoria, ni más vendrá al pensamiento.

Sin embargo, eso no puede significar que olvidaremos *todo* acerca de nuestra vida anterior en la tierra. Muchas de las relaciones que formamos aquí continuarán allá, incluso nuestra relación con Cristo. Por ejemplo, la Escritura dice que Jesús retiene sus cicatrices (Jn. 20:24-29); verlas será un recordatorio constante de que nuestro pecado lo obligó a Él a soportar la cruz.

Y el recordar el pecado que hizo que Él muriera por nosotros nos llevará a adorarlo de todo corazón por la eternidad.

El contexto de Isaías 65:17 es el versículo 16. Hablando a la nación de Israel, el Señor dijo: "Porque las angustias primeras serán olvidadas, y serán cubiertas de mis ojos". Es Dios quien olvidará, no nosotros. Eso no quiere decir que nuestro Dios omnisciente no pueda recordar las transgresiones pasadas de Israel, sino que más bien, Dios escoge no tomarle en cuenta a Israel su pecado. Cuando yo perdono a alguien, no quiere decir que el recuerdo del mal que me hizo se me borra de la mente. Aun si quisiera olvidar la ofensa, sería biológicamente imposible hacerlo, ya que cada experiencia que tenemos está grabada en nuestra mente de manera química y eléctrica. Más bien, el perdón significa ceder mi derecho a herir a una persona porque esta me hirió.

No hay nada en la Escritura que indique que Dios va a borrar nuestros recuerdos de las personas que conocemos y amamos, quienes tal vez estén sufriendo en la tierra o en el infierno.

Los creyentes estarán absortos en la dicha del cielo

Todos estamos conscientes de que en el mundo a nuestro alrededor hay una multitud de niños que mueren de hambre, conocidos o seres amados que sufren de enfermedades y creyentes que son perseguidos. Sin embargo, saber acerca de estas personas que sufren no nos impide disfrutar de una buena comida, un día en la playa o un tiempo con nuestra familia. Algunos dirían que nuestra habilidad de disfrutar de estas bendiciones da testimonio de nuestro egoísmo. "En el cielo, seremos como Jesús, quien lloró por el destino de los perdidos", alegan.

Aunque es cierto que Jesús lloró al contemplar el destino eterno de los habitantes de Jerusalén cuando estaba en la tierra, no hay ningún indicio de que Jesús estará llorando en el cielo. El escritor de Hebreos observa que Jesús "sufrió la cruz" de buena gana para que pudiera experimentar "el gozo puesto delante de él", cuando "se sentó a la diestra del trono de Dios" (Heb. 12:2).

Por otra parte, la Escritura enseña que lo que más sentiremos en el cielo es plenitud de gozo:

> Me mostrarás la senda de la vida;
> En tu presencia hay *plenitud de gozo*;
> Delicias a tu diestra para siempre.
> (Sal. 16:11, énfasis añadido)

En el cielo, seremos como Jesús, quien siente "plenitud de gozo" a pesar de todo lo que está ocurriendo en la tierra y en el infierno.

Entenderemos el plan y la justicia de Dios

En su libro *El octavo día*, Thornton Wilder compara nuestra vida a un tapiz. Si lo miramos desde el lado correcto, el lado que mira hacia fuera, vemos una obra de arte minuciosa hecha de miles de hilos multicolores entrelazados para formar un hermoso cuadro. Pero si miramos el lado de atrás del tapiz, vemos un enredo de hilos de diferentes tamaños que se entrecruzan. Nada parece tener sentido. Algunos hilos están anudados, otros son cortos y otros largos.

Lo que Wilder está dando a entender es sencillo: Dios tiene un plan para nuestra vida. Algunas vidas están torcidas, anudadas o entrecortadas. Otras vidas son de un largo y de un color impresionantes. ¿Por qué? No porque un hilo sea más importante que otro hilo, sino porque el tapiz de Dios lo requiere.

Solo desde la perspectiva del cielo podremos ver el lado correcto del plan de Dios para nuestra vida y entender cómo Él hace que "todas las cosas [nos] ayudan a bien" (Ro. 8:28).

La maraña de relaciones quebrantadas, accidentes catastróficos y muertes repentinas que no parecen tener ningún sentido para los que estamos atrapados en el tiempo y en el espacio en la tierra, se verán completamente diferentes desde la perspectiva del cielo, aun a medida que presenciamos aquellas tragedias que experimentan nuestros seres más amados.

Pero ¿qué de aquellos que amamos que serán condenados al tormento eterno en el infierno? Es importante notar que Dios no envía a las personas al infierno; ellos escogen ir de su propia voluntad al rechazar el don de Dios de la salvación por medio de la muerte y resurrección de Jesús. "La ira divina ... es algo que los seres humanos escogen por sí mismos", escribió el teólogo J. I. Packer. "Más que ser una experiencia infligida por Dios, el infierno es un estado por el cual el hombre opta por sí mismo, al retirarse de la luz que Dios hace resplandecer en su corazón para llevarlo a Sí mismo".[80]

Por difícil que sea aceptar esta verdad de este lado del cielo, especialmente cuando se trata de nuestros seres amados, las personas que están en el infierno están ahí porque lo merecen. Pero del otro lado del cielo, veremos la justicia de Dios castigando a aquellos que se negaron a aceptar el sacrificio de Cristo como perfecto, santo y justo. El apóstol Pablo declara que cuando se manifieste Jesucristo "para dar retribución a los que no conocieron a Dios, ni obedecen al evangelio de nuestro Señor Jesucristo" (2 Ts. 1:8), ninguno de nosotros acusará a Jesús de ser injusto. Más bien, Jesucristo el Juez vendrá en aquel día "para ser glorificado en sus santos y ser admirado en todos los que creyeron" (v. 10).

Aunque esta verdad es difícil de entender, Packer ofrece unas palabras que nos pueden ayudar:

> Recuerde que en el cielo, nuestra mente, nuestro corazón, nuestros motivos y sentimientos serán santificados, de

> modo que seremos completamente conformados al carácter y a la perspectiva de Jesús nuestro Señor... En el cielo, glorificar a Dios y darle gracias por todo nos absorberá siempre. Todo nuestro amor y gozo por las otras personas que están con nosotros en el cielo fluirá del hecho que ellos están haciendo lo mismo. El amor y la lástima por los habitantes del infierno no entrará en nuestro corazón. El infierno de ellos no invalidará nuestro cielo.[81]

Y ciertamente nuestra consciencia de cualquier cosa que esté ocurriendo en la tierra o en el infierno será incapaz de disminuir la plenitud de nuestro gozo en aquel lugar llamado cielo.

7

¿NOS RECONOCEREMOS UNOS A OTROS EN EL CIELO?

Amados, ahora somos hijos de Dios, y aún no se ha manifestado lo que hemos de ser; pero sabemos que cuando él se manifieste, seremos semejantes a él, porque le veremos tal como él es.

1 Juan 3:2

Envejecer no es para cobardes. Cuando envejecemos, nos sobrevienen dolencias y achaques, y engordamos. Cuando la comentarista humorística Erma Bombeck iba envejeciendo, dijo algo así: "No le voy a decir lo que peso, pero cuando mido mi contorno y luego piso la balanza, yo debería ser una secoya de noventa pies de alto".[82]

Para muchos de nosotros, la batalla para perder peso era una escaramuza menor cuando teníamos veinte y tantos años. Luego llegó a ser una batalla campal a los cuarenta y cincuenta y tantos años. Y si no era nuestro peso, era otra cosa la que batallamos, por ejemplo arrugas, ojeras u otras partes del cuerpo flácidas y caídas.

¿En algún momento ha salido de la ducha y se ha mirado en un espejo de cuerpo entero? Para algunos de nosotros que tenemos cierta edad, es desconcertante. Debería intentarlo; lo sacudirá como una descarga eléctrica. Un solo pensamiento le llenará la mente: *Tengo todo lo que tenía antes; solo que está unas pulgadas más abajo de donde solía estar.* No nos engañemos; nuestro cuerpo ya no es el que teníamos cuando estábamos en la escuela secundaria, ni cuando estábamos recién casados.

Aunque sabemos que somos nosotros de pie ante el espejo, casi no nos reconocemos. Y si vamos a ir a una reunión de exalumnos, nos preguntamos si algunos de nuestros viejos amigos de la secundaria nos reconocerán. Menos mal que en las reuniones de exalumnos de la secundaria suelen poner fotos tomadas del anuario escolar en las chapas de los asistentes, porque si no, ¡nadie se reconocería!

Desafortunadamente, la mayoría de las personas no envejecen con gracia; al envejecer sufrimos una pérdida de audición, visión deteriorada y dolor en las coyunturas. Envejecer me recuerda lo que Jesús le dijo a Pedro:

> De cierto, de cierto te digo: Cuando eras más joven, te ceñías, e ibas a donde querías; mas cuando ya seas viejo, extenderás tus manos, y te ceñirá otro, y te llevará a donde no quieras. (Jn. 21:18)

Si es que llegamos a la etapa que describe Jesús, casi no nos reconoceremos, y tampoco nos reconocerán aquellos que nos conocieron cuando éramos jóvenes vigorosos.

En cuanto a la otra vida, es natural que tengamos curiosidad acerca de quiénes seremos en el cielo. ¿Seremos nosotros mismos? Y de ser así, ¿qué versión de nuestro ser seremos... el joven lleno de energía o el viejo letárgico que casi ni tiene la energía para levantarse? ¿Reconoceremos a nuestros amigos y familiares, y nos reconocerán ellos? ¿Qué versión de nuestro ser conocerán?

Estas son preguntas intrigantes. Sin embargo, antes de contestarlas, es importante entender algunas verdades importantes acerca de la resurrección de entre los muertos.

¿Recibirán todos un cuerpo resucitado?

En los funerales a veces oigo a la gente hacer comentarios como: "Esta no es la verdadera María. Es solamente su caparazón. La verdadera María —su espíritu— está en el cielo". O "Esta es la última vez que veremos a Rogelio en este cuerpo". Es natural decir cosas así porque sabemos que nuestro cuerpo terrenal es provisional y que nuestro espíritu es eterno.

Sin embargo, esas realidades han llevado a muchos creyentes a creer erróneamente que hay una dicotomía entre nuestro cuerpo (el cual algunos creen que no es sino la apariencia de quienes somos) y nuestro espíritu (el cual creen que es la realidad de quienes somos). Estas personas creen que ya que dejamos atrás nuestro cuerpo terrenal en el momento de la muerte, existiremos en el cielo como espíritus incorpóreos.

¡Pero no es así! En el cielo nuevo y la tierra nueva, no existiremos como versiones santificadas de Gasparín, el fantasma amigable. Más bien, así como poseemos un cuerpo físico en este mundo, también existiremos y nos relacionaremos unos a otros en un cuerpo físico en el otro mundo. ¿Cómo lo sé? Considere la manera en que Dios nos diseñó y los planes que tiene para nosotros.

El diseño de Dios: cuerpo y espíritu

A través de este libro, hemos visto que el cielo es principalmente la recreación del Edén original, la tierra como Dios la diseñó originalmente. Si eso es cierto, entonces parece razonable suponer que los residentes de esta tierra nueva existirán en la misma forma que los habitantes originales del Edén. Al leer Génesis 2, encontramos una declaración muy interesante acerca de la creación de Dios de la primera pareja:

> Entonces Jehová Dios formó al hombre del polvo de la tierra, y sopló en su nariz aliento de vida, y fue el hombre un ser viviente. (Gn. 2:7)

Cuando Dios creó a Adán, y luego a Eva, Él los hizo seres físicos (polvo) en los cuales sopló su Espíritu (el aliento de vida), haciendo de cada uno "un ser viviente". Fíjese que una persona debe tener tanto un cuerpo como un espíritu para que se le considere un "ser viviente". Sin un cuerpo físico, él o ella no sería un "ser", y sin un espíritu, él o ella no sería un ser "viviente". Dios creó a Adán —y a cada persona desde entonces— como un cuerpo y un espíritu.

Por supuesto que viene un momento en que el espíritu de cada ser humano será separado de su cuerpo físico. La palabra *muerte* viene de la palabra griega *thanatos*, que quiere decir "separar". La muerte es la separación de nuestro espíritu de nuestro cuerpo físico. Como vimos en el capítulo 4, en ese momento de separación, el espíritu del creyente va directamente a la presencia de Jesucristo, mientras que el espíritu del no creyente va inmediatamente al Hades, un lugar de tormento provisional.

Pero, ¿por cuánto tiempo durará esa separación del cuerpo y del espíritu? Como también vimos en el capítulo 4, algunos teólogos especulan que en el momento de la muerte, tanto creyentes como no creyentes recibirán algún tipo de cuerpo provisional mientras esperan su cuerpo eterno. Después de todo, afirman, Dios originalmente nos creó como cuerpo y espíritu, y en la eternidad también seremos cuerpo y espíritu. Entonces, ¿por qué seríamos un espíritu incorpóreo en aquel estado intermedio?

Ya que no hay ninguna prueba contundente en la Biblia de que los creyentes y no creyentes que mueren recibirán un cuerpo antes de la resurrección final, otros creen que debemos suponer que durante el tiempo entre nuestra muerte y el momento en que recibimos nuestro cuerpo nuevo, existiremos solo como un espíritu.

El plan de Dios: dos resurrecciones

Pero una cosa que sí sabemos a ciencia cierta es que en el futuro, cada creyente y no creyente recibirá un cuerpo físico que está diseñado para experimentar los placeres eternos del cielo o bien los tormentos del infierno. La Escritura habla repetidamente de la resurrección tanto de los justos como de los injustos. Por ejemplo, el patriarca Job tenía la certeza de que vería a Dios con sus propios ojos físicos cuando declaró:

> Y después de deshecha esta mi piel, en mi carne he de ver a Dios. (Job 19:26)

El profeta Daniel creía que tanto los injustos como los justos serían resucitados para recibir su recompensa justa:

> Y muchos de los que duermen en el polvo de la tierra serán despertados, unos [los creyentes] para vida eterna, y otros [los no creyentes] para vergüenza y confusión perpetua. (Dn. 12:2)

¿Cuándo tendrá lugar estas resurrecciones de nuestro cuerpo?

La primera resurrección

La Biblia usa el término *primera resurrección* para describir el momento en que todos los creyentes recibirán su cuerpo completamente nuevo para la eternidad. El apóstol Juan escribió: "Bienaventurado y santo el que tiene parte en la primera resurrección; la segunda muerte no tiene potestad sobre éstos" (Ap. 20:6).

Es importante entender que la primera resurrección no ocurre en un solo momento específico. Más bien, diferentes grupos de creyentes recibirán su cuerpo nuevo en diferentes momentos en el futuro. Pablo explicó: "Porque así como en Adán todos mueren, también en Cristo todos serán vivificados. *Pero cada uno en su debido orden*" (1 Co. 15:22-23, énfasis añadido).

La palabra griega traducida "orden" es *tagma*, y se refiere a un desfile militar, en el que cada cuerpo forma filas en su debido momento. En el momento de la muerte, el espíritu de cada creyente es llevado inmediatamente a la presencia de Dios, pero no recibimos nuestro cuerpo nuevo hasta el momento asignado, es decir, en el orden asignado. El gráfico en la página siguiente ilustra los momentos en que diferentes grupos de creyentes recibirán su cuerpo nuevo en el cual vivirán por la eternidad.

La segunda resurrección

Mientras que los creyentes participarán en la primera resurrección, cada no creyente desde la época de Adán participará en lo que podríamos llamar la *segunda resurrección*. A diferencia de la primera resurrección, la segunda resurrección ocurrirá en un solo momento preciso: antes del juicio de todos los no creyentes en el acontecimiento que generalmente se conoce como el juicio ante el gran trono blanco:

¿Qué le ocurre a una persona después de morir?[83]

	En el momento de la muerte	Resurrección corporal	Juicio	Destino eterno
Creyente del Antiguo Testamento	Paraíso/ Seno de Abraham La tumba	Resurrección en la segunda venida de Cristo	Juicio en la tierra para recibir recompensas	Cielo
Creyente	Presencia de Cristo La tumba	Resurrección en el rapto	Tribunal de Cristo en el cielo para recibir recompensas	Cielo
Creyente milenario	Presencia de Cristo La tumba	Resurrección al final del milenio	Juicio en la tierra para recibir recompensas	Cielo
Creyente en la tribulación	Presencia de Cristo La tumba	Resurrección en la segunda venida de Cristo	Juicio en la tierra para recibir recompensas	Cielo
No creyente	Seol/Hades/ Tormento La tumba	Resurrección al final del milenio	Juicio ante el gran trono blanco para pecados	Infierno/Gehena/ Lago de fuego

> Y el mar entregó los muertos que había en él; y la muerte y el Hades [el lugar de residencia provisional para todos los muertos no salvos] entregaron los muertos que había en ellos; y fueron juzgados cada uno según sus obras. Y la muerte y el Hades fueron lanzados al lago de fuego. Esta es la muerte segunda. (Ap. 20:13-14)

Así como los creyentes recibirán un cuerpo físico en el cual podrán disfrutar de los beneficios eternos del cielo nuevo y de la tierra nueva, los no creyentes serán resucitados y recibirán un cuerpo físico en el cual soportarán el tormento eterno del lago de fuego.

¿Cómo será posible una resurrección física?

Primera de Corintios 15 contiene la explicación más completa de la resurrección en la Biblia. El apóstol Pablo contesta muchas preguntas que es natural que tengamos acerca de la resurrección y la naturaleza de nuestro cuerpo nuevo. Por ejemplo, adelantándose a las objeciones a una resurrección física, el apóstol Pablo escribe: "Pero dirá alguno: ¿Cómo resucitarán los muertos?" (1 Co. 15:35).

Tal vez usted se haya preguntado esto mismo. Quiero ser sensible en lo que escribo, pero muchas veces las personas me han preguntado acerca de aquellos cuyo cuerpo ha sido destruido en un accidente o tragedia, como por ejemplo, las víctimas de la tragedia ocurrida el 11 de septiembre de 2001. ¿Cómo puede ser resucitado su cuerpo desintegrado? O considere los pasajeros de una aerolínea que haya explotado sobre el mar. El cuerpo desmembrado de los pasajeros se sumerge en el agua, y luego es comido por las criaturas marinas.

Cuando Roger Williams, el fundador del estado de Rhode Island, murió, fue sepultado al pie de un manzano. Cuando su cuerpo fue desenterrado años después, las raíces del manzano habían penetrado su ataúd, entrado por la parte de arriba de su cráneo y crecido hacia abajo, por donde estaban sus brazos y piernas. El árbol había literalmente consumido el cuerpo de Williams, alimentándose de su cadáver. ¿Cómo podría entonces ser resucitado el cuerpo de Roger Williams?

O considere lo que le ocurre a la persona que al morir, dona una parte de su cuerpo a un destinatario que lo necesita. ¿Cómo podría esa persona recuperar sus órganos vitales, si ha donado un ojo a una persona y un riñón a otra? Esto le da una nueva perspectiva a la pregunta de Pablo en 1 Corintios 15:35, ¿no es cierto? ¿Cómo puede un cadáver descompuesto —el cual ha sido esparcido en el mar, comido por peces, consumido por un manzano o disecado para sacar sus órganos— ser reconstruido y devuelto a su propietario original? El teólogo Juan Calvino contestó esta pregunta al decir lo siguiente: "Ya que Dios tiene a su disposición todos los elementos, ninguna dificultad puede impedir que mande la tierra, el fuego y el agua a que devuelvan lo que parecen haber destruido".[84]

La analogía: sembrar y segar

Pablo contestó su propia pregunta acerca de la posibilidad de una resurrección al usar una analogía que les era familiar a sus oyentes: sembrar y segar una cosecha.

> Lo que tú siembras no se vivifica, si no muere antes. Y lo que siembras no es el cuerpo que ha de salir, sino el grano desnudo, ya sea de trigo o de otro grano; pero Dios le da el cuerpo como él quiso, y a cada semilla su propio cuerpo. (vv. 36-38)

Antes que una semilla de sandía pueda producir una sandía, hay que colocarla primero en la tierra, donde muere. Cuando un agricultor sale al campo a segar la cosecha, él o ella no recoge semillas de sandía, sino algo mucho mejor: ¡sandías! La cosecha siempre es superior a lo que fue sembrado.

Es igual con la resurrección. Cuando morimos, nuestro cuerpo humano es como una "semilla" que es plantada en la tierra. La muerte de nuestro cuerpo humano —sea como sea que ocurra la muerte— no es un impedimento a una futura resurrección, sino un requisito para que haya una mejor "cosecha". ¿Por qué?

Fíjese en las palabras de Pablo: "Lo que tú siembras no se vivifica, si no muere antes" (1 Co. 15:36). Luego el apóstol explica que nuestro cuerpo viejo tiene que morir porque no está diseñado para la eternidad. "La carne y la sangre no pueden heredar el reino de Dios, ni la corrupción hereda la incorrupción" (v. 50). Aunque su cuerpo está diseñado para vivir en el planeta Tierra, no está hecho para vivir en Marte, Plutón o el cielo. Es por eso que no debemos considerar la muerte como "el final" de algo grande, sino como "el principio" de algo aun mayor.

El cuerpo que recibimos en el momento de la "cosecha" —la resurrección— es infinitamente superior al cuerpo que fue sembrado en la tierra. Considere lo siguiente: imagínese que es un día de verano abrasador; la temperatura en la sombra es de 100 grados. Usted ha estado afuera trabajando en el jardín. Para refrescarse, entra en la casa y abre la nevera para consumir algo fresco. ¿Qué preferiría llevarse a la boca: un pedazo de sandía helada o una semilla de sandía helada?

Asimismo, cuando nuestro cuerpo es resucitado de la tumba, no será nuestro cuerpo viejo que se levantará. La resurrección no implica una reconstrucción, sino una recreación de nuestro cuerpo. Los cuerpos que hayan sido destruidos mediante una explosión o la cremación, o cuyos miembros hayan sido donados a otros, no serán una versión reconstruida del cuerpo muerto, de la misma manera que una sandía no es una versión reconstruida de una semilla de sandía, sino algo nuevo e infinitamente superior: una sandía.

Superior pero similar

Aunque la "cosecha" es superior a la "semilla", la cosecha también es similar a la semilla. ¡Al sembrar una sandía, no se cosecha una naranja china! Una semilla de sandía produce una sandía. De igual manera, su cuerpo nuevo que es resucitado en el momento de la "cosecha" no será completamente diferente a su cuerpo que fue sepultado después de morir. No morimos y luego llegamos a ser otra persona diferente en la resurrección. Habrá una similitud entre nuestro cuerpo terrenal y nuestro cuerpo celestial.

El ejemplo perfecto de esto es el cuerpo resucitado de Jesús. Y ya que la Escritura promete que el cuerpo de los creyentes resucitados será semejante al cuerpo de Él (1 Jn. 3:2), debemos fijarnos detenidamente en el cuerpo resucitado de Jesús si queremos averiguar cómo será nuestro cuerpo en el cielo nuevo y la tierra nueva.

¿La resurrección de Jesús fue espiritual o física?

Por supuesto que lo que sigue en esta sección presupone que el cuerpo de Cristo en realidad fue resucitado de entre los muertos. Algunos integrantes de la iglesia en Corinto cuestionaban si era posible que alguien regresara de entre los muertos de manera física. No les era difícil creer que el espíritu de Cristo —es decir, su ejemplo de moralidad, sus enseñanzas sabias y su actitud amorosa— seguía vivo, pero dudaban de que Él hubiera revivido en cuerpo y alma. Sin embargo, Pablo proclamó sistemáticamente la muerte y la resurrección físicas de Cristo como la piedra angular del evangelio:

> Porque primeramente os he enseñado lo que asimismo recibí: Que Cristo murió por nuestros pecados, conforme a las Escrituras; y que fue sepultado, y que resucitó al tercer día, conforme a las Escrituras. (1 Co. 15:3-4)

Luego Pablo declaró que si esto *no era verdad* —si Cristo no había muerto y no había resucitado de entre los muertos— entonces las consecuencias eran demasiado terribles para contemplar.[85] La predicación sería vana; serían simplemente palabras vacías sin ningún valor. La fe sería inútil; más valdría que creyéramos en hadas y polvillo mágico. Los creyentes serían charlatanes; serían como líderes de una secta o vendedores de autos usados mentirosos. El pecado no se habría perdonado, y cada cual tendría que responder ante Dios en el día del juicio. La muerte conllevaría la condenación y no la salvación. Los creyentes serían pobres infelices: imbéciles y villanos por haber creído tales tonterías. En lo práctico, si el cuerpo de Cristo todavía yace en una tumba en Jerusalén, más nos valdría abandonar a Cristo y quedarnos durmiendo los domingos por la mañana.

"Mas ahora Cristo ha resucitado de los muertos", declaró Pablo (v. 20). ¿Y qué pruebas ofrecía Pablo? Cristo en su cuerpo resucitado "apareció a Cefas [Pedro], y después a los doce. Después apareció a más de quinientos hermanos a la vez [...]. Después apareció a Jacobo; después a todos los apóstoles; y al último de todos [...], me apareció a mí" (vv. 5-8). De hecho, la Escritura menciona que Jesús se apareció diecisiete veces en su cuerpo resucitado.

El día de su resurrección, Jesús apareció cinco veces:

1. A María Magdalena (Marcos 16:9-11; Juan 20: 11-17)
2. A las otras mujeres (Mateo 28:8-10)
3. A Pedro (Lucas 24:34; 1 Corintios 15:5)
4. A los discípulos en el camino a Emaús (Marcos 16:12-13; Lucas 24:13-35)
5. A los diez discípulos, sin Tomás (Marcos 16:14; Lucas 24:36-43; Juan 20:19-23)[86]

En los próximos treinta y nueve días, Jesús se presentó a sus discípulos seis veces:

1. A los once discípulos una semana después, estando Tomás (Juan 20:26-29)
2. A siete discípulos junto al mar de Galilea (Juan 21:1-14)
3. A más de quinientos creyentes (1 Corintios 15:6)
4. A Jacobo, el hermano de Jesús (1 Corintios 15:7)
5. A los once discípulos en Galilea (Mateo 28:16-20)
6. A los once discípulos en la ascensión en Jerusalén (Marcos 16:19-20; Lucas 24: 50-53; Hechos 1:3-9)

Y antes que se escribiera el libro final de la Biblia, Jesús se apareció seis veces más:

1. A Esteban cuando fue martirizado (Hechos 7:55-56)
2. A Saulo en su conversión en el camino a Damasco (Hechos 9:3-7)
3. A Pablo en Arabia (Gálatas 1:12)
4. A Pablo en el templo en Jerusalén (Hechos 22:17-21)
5. A Pablo en la prisión de Cesarea (Hechos 23:11)
6. Al apóstol Juan en la isla de Patmos (Apocalipsis 1:12-20)

Pero Jesús hizo más que simplemente aparecerse y decir "¡Shalom a todos ustedes!": conversó con sus discípulos en cada una de las diecisiete ocasiones en que apareció. Comió con sus discípulos en por lo menos tres ocasiones: después del encuentro en el camino a Emaús, durante su visita a los diez (sin Tomás), y en el desayuno junto al mar. Y en dos ocasiones, sus discípulos tocaron su cuerpo: lo hicieron las mujeres que fueron a la tumba a ungirlo, y María Magdalena. En otras ocasiones, Jesús invitó a sus discípulos a tocarlo, por ejemplo, a los discípulos en el camino a Emaús y a Tomás. La apariencia física de Jesús —especialmente sus cicatrices— fue suficiente para convencer a Tomás de que Jesús había resucitado y era verdaderamente el Hijo de Dios. "Entonces Tomás respondió y le dijo: ¡Señor mío, y Dios mío!" (Jn. 20:28).

Los discípulos no interaccionaron solamente con el espíritu incorpóreo de Jesús después de su resurrección; lo hicieron con Jesús mismo en forma corpórea.

¿Cómo era el cuerpo resucitado de Jesús?

Cuando Jesús recibió su nuevo cuerpo (el que tenía después de la resurrección), era diferente, pero también similar a su cuerpo anterior (el que tenía antes de la resurrección). El cuerpo nuevo de Jesús era superior a su cuerpo terrenal, según lo demuestra su capacidad de aparecerse cuando quería hacerlo, y hasta pasar por puertas cerradas. Esto ocurrió por lo menos dos veces durante los cuarenta días en que Jesús caminó en la tierra en su cuerpo nuevo. La primera vez ocurrió el día de la resurrección. Los discípulos estaban en un aposento con las puertas cerradas con llave, ya que temían que los judíos pudieran encontrarlos y crucificarlos, cuando inesperadamente "vino Jesús, y puesto en medio, les dijo: Paz a vosotros" (v. 19). La segunda vez que ocurrió fue una semana después, cuando Jesús se le apareció a Tomás, quien estaba "dentro [...] estando las puertas cerradas" (v. 26).

Ya que Jesús podía aparecerse a voluntad, también podía desaparecerse a voluntad. El mejor ejemplo de esto es la cena en Emaús después de su resurrección. Después de explicar de las Escrituras del Antiguo Testamento por qué el Mesías debía sufrir y morir, Jesús se sentó a compartir una comida con dos discípulos. Lucas escribió: "Y aconteció que estando sentado con ellos a la mesa, tomó el pan y lo bendijo, lo partió, y les dio. Entonces les fueron abiertos los ojos, y le reconocieron; mas él se desapareció de su vista" (Lc. 24:30-31).

Pero también había similitudes entre su cuerpo nuevo y su cuerpo viejo, suficientes para que cuando se les apareció a sus discípulos en su cuerpo nuevo, estos lo reconocieron a la larga. Digo "a la larga" porque hubo instancias en que los discípulos no reconocieron al Señor de inmediato, por razones entendibles. Algunos estaban tan tristes que no estaban conscientes de lo que veían (Jn. 20:11-15). Una vez, Jesús se apareció cuando estaba oscuro (20:1, 14-15). En otra ocasión la distancia entre Jesús y sus discípulos era bastante grande, de modo que no se distinguían bien ciertos rasgos reconocibles (21:4). Algunos discípulos no creían (20:24-25), mientras que los discípulos a puerta cerrada se sobresaltaron cuando Jesús se apareció de pronto (Lc. 24:36-37). Y otros eran torpes espiritualmente (vv. 25-26). Sin embargo, en todos estos casos, la confusión no fue sino temporaria.

A la larga, las similitudes entre el cuerpo natural de Jesús y su cuerpo nuevo permitían que sus discípulos lo reconocieran. Tal vez la similitud haya sido algo tan leve como la manera en que Jesús rompía el pan. Después de hablar con los discípulos en el camino a Emaús, Jesús cenó con ellos como cualquier hombre.

Pero Lucas registra "cómo le habían reconocido al partir el pan" (v. 35). Tal vez Jesús haya agarrado el pan en la mano derecha mientras la rompía con la otra mano, porque el Señor era zurdo en su cuerpo natural. Si Jesús fuera zurdo en su cuerpo natural, no habría ninguna razón por la que fuera derecho en su cuerpo resucitado. Sus rasgos físicos después de la resurrección eran similares a sus rasgos antes de la resurrección: los agujeros en sus manos y pies causados por los clavos lo comprueban.

¿Cómo será nuestro cuerpo resucitado?

¿Por qué estamos examinando el cuerpo resucitado de Jesús con tanto detenimiento? La Escritura promete que nuestro cuerpo resucitado será como el de Jesús:

> Amados, ahora somos hijos de Dios, y aún no se ha manifestado lo que hemos de ser; pero sabemos que cuando él se manifieste, *seremos semejantes a él*, porque le veremos tal como él es. (1 Jn. 3:2, énfasis añadido)

En Colosenses 1:18, Pablo se refiere a Jesús resucitado como "el primogénito de entre los muertos". La palabra que se traduce "primogénito" viene de la palabra griega de la cual obtenemos nuestra palabra *prototipo* en español. Cuando un fabricante construye un nuevo automóvil o avión, primero construyen un prototipo. Todos los demás autos o aviones han de fabricarse conforme a ese patrón. De igual manera, el cuerpo resucitado de Jesús era un ejemplo de cómo va a ser el cuerpo nuestro.

Entonces, ¿de qué maneras específicas será nuestro nuevo cuerpo resucitado "semejante al cuerpo de la gloria suya" como prometió Pablo en Filipenses 3:21?

Nuestro cuerpo será físico

Después de defender la resurrección de Cristo y la resurrección de los creyentes en 1 Corintios 15:1-19, Pablo abordó el tema del tipo de cuerpo resucitado que recibiremos, en los versículos 39-50. La respuesta sencilla es que tendremos un cuerpo distinto al cuerpo en el cual habitamos ahora, tan diferente como el cuerpo de animales, estrellas y plantas difieren uno del otro. Pablo explicó:

> No toda carne es la misma carne, sino que una carne es la de los hombres, otra carne la de las bestias, otra la de los peces, y otra la de las aves. Y hay cuerpos celestiales, y cuerpos terrenales; pero una es la gloria de los celestiales, y otra la de los terrenales. Una es la gloria del sol, otra la gloria de la luna, y otra la gloria de las estrellas, pues una estrella es diferente de otra en gloria. (1 Co. 15:39-41)

Lo que Pablo está dando a entender es lo siguiente: el cuerpo de un pez no es el cuerpo de un ave; el cuerpo de un ave no es el cuerpo de una bestia; el cuerpo de una bestia no es el cuerpo de un ser humano (una verdad que obviamente va en contra de la premisa básica de la evolución). Una estrella no es un planeta, y una luna no es una estrella. Cada uno sigue su propia especie, así como Dios lo quiso desde el principio de la creación.

De igual manera, nuestro cuerpo celestial será distinto a nuestro cuerpo terrenal. ¿Por qué nos resultaría difícil creer que Dios creó un tipo de cuerpo para que habitáramos la tierra y otro tipo de cuerpo para que habitáramos el cielo? Pero para asegurarse de que no malentendiéramos, Pablo explicó detalladamente la diferencia entre nuestro cuerpo terrenal y nuestro cuerpo celestial:

> Así también es la resurrección de los muertos. Se siembra en corrupción, resucitará en incorrupción. Se siembra en deshonra, resucitará en gloria; se siembra en debilidad, resucitará en poder. Se siembra cuerpo animal, resucitará cuerpo espiritual. Hay cuerpo animal, y hay cuerpo espiritual. (vv. 42-44)

La palabra griega para "cuerpo" que se usa aquí es *soma*. Cada vez que se usa en el Nuevo Testamento, *soma* se refiere al cuerpo físico. Entonces, cuando Pablo usó *soma* en el versículo 44, refiriéndose al "cuerpo animal" y al "cuerpo espiritual", deja en claro que nuestro cuerpo resucitado será tan físico como lo es nuestro cuerpo natural.

Pero solo porque nuestro cuerpo celestial será físico, no quiere decir que será físico de la misma manera que lo es nuestro cuerpo terrenal. Por ejemplo:

- Nuestro cuerpo terrenal se descompone; nuestro cuerpo celestial perdurará.
- Nuestro cuerpo terrenal está infectado de pecado; nuestro cuerpo celestial estará libre de pecado.
- Nuestro cuerpo terrenal es débil; nuestro cuerpo celestial será poderoso.
- Nuestro cuerpo terrenal es para usar en la tierra vieja; nuestro cuerpo celestial es para usar en la tierra nueva.

Las diferencias entre nuestro cuerpo terrenal y nuestro cuerpo celestial muchas veces llevan a la gente a preguntar si comeremos y beberemos o usaremos ropa en el cielo. ¿Y qué edad tendremos? Así como para todas las preguntas acerca de nuestro cuerpo resucitado, debemos referirnos al cuerpo resucitado de Jesús para conseguir las respuestas ya que Él es el patrón —el *protokos*— de nuestro cuerpo resucitado.

Ya hemos visto en por lo menos tres ocasiones específicas, que Jesús comió con sus discípulos. Pero aun antes de la muerte y resurrección de Jesús, Él les prometió a sus discípulos que se reunirían en su mesa y comerían un banquete con Él durante el reino milenario: "Yo, pues, os asigno un reino, como mi Padre me lo asignó a mí, para que comáis y bebáis a mi mesa en mi reino" (Lc. 22:29-30). Obviamente, este acontecimiento durante el milenio ocurre después de la resurrección de Jesús y de sus discípulos, cuando estos tengan ya su cuerpo nuevo. Esta promesa indica que nosotros también comeremos con Jesús y los discípulos, al tener ya nuestro cuerpo nuevo.

También llevaremos ropa en el cielo. Algunos ponen objeciones a esta idea, ya que Adán y Eva no llevaban ropa antes de la caída. Aunque la vida en la tierra nueva será como el Edén, no será como la conocida serie televisiva *Naked and Afraid* [Desnudo y temeroso], en el que un hombre y una mujer intentan sobrevivir en el monte por veintiún días, sin ropa.

Cuando Juan vio al Cristo resucitado en Patmos, Jesús estaba "vestido de una ropa que llegaba hasta los pies, y ceñido por el pecho con un cinto de oro" (Ap. 1:13). Y cuando Cristo habló con la iglesia en Sardis, le dijo: "El que venciere será vestido de vestiduras blancas" (3:5), lo cual Juan comprobó al verlo con sus propios ojos (7:9).

Cuando la novia de Cristo —la Iglesia— se le presenta a Jesús en el momento de su segunda venida, seremos vestidos "de lino fino, limpio y resplandeciente" (19:8). Y cuando Jesús, el Rey conquistador, viene a concluir su guerra contra el mal, la Biblia dice que estará "vestido de una ropa teñida en sangre" (v. 13).

También retendremos nuestra identidad sexual en nuestro cuerpo nuevo. Algunos han concluido erróneamente que seremos andróginos en el cielo, es decir, sin género, ya que Pablo dijo: "Ya no hay [...]; varón ni mujer [...]; en Cristo Jesús" (Gl. 3:28).

Pero Pablo no se estaba refiriendo a la naturaleza sexual de nuestro cuerpo en la otra vida. Se refería a nuestra igualdad en Cristo, en esta vida. El hecho de que algunos no reconocieron inmediatamente al Señor resucitado (como los dos discípulos en el camino a Emaús) da a entender que el aspecto de Jesús era como el de cualquier otro hombre, y no como un extraterrestre sin género con el aspecto de un ser de otro mundo.

Nuestro cuerpo resucitado probablemente tendrá una edad ideal, joven pero a la vez, madura. Aunque no podemos estar seguros, muchos teólogos piensan que tendremos unos treinta años. La edad de treinta años se considera la cima de la perfección, tanto mental como físicamente. (¡Creo acordarme de eso!) Era la edad en que los sacerdotes en el Antiguo Testamento empezaban su ministerio en el Templo y cuando Cristo empezó su ministerio público. Entonces, para nosotros que tenemos un poco más que treinta, podemos mirar las fotos viejas e imaginarnos cómo será nuestro ser eterno a la edad de treinta. Y para aquellos que tienen menos de treinta, incluso los niños, ¡pues tienen algo a lo que aspirar!

Nuestro cuerpo será perfecto

Tendremos un cuerpo físico real, pero como hemos visto, será distinto al cuerpo en el que habitamos ahora; será libre de pecado y por lo tanto libre de enfermedad, descomposición y muerte. Recuerde, en el cielo "las primeras cosas [las cosas de la tierra] pasaron"(Ap. 21:4). El cáncer, los ataques al corazón, las embolias ya no existirán. Tampoco existirán la ceguera, la sordera y la parálisis, ni tampoco las canas, las arrugas y los contornos voluminosos. Las extremidades que faltan serán restauradas. Seremos perfectos en todo, desde la cabeza hasta los pies.

"¿Se imaginan la esperanza que esto le da a alguien como yo que ha sufrido una lesión de la médula espinal? —preguntó mi amiga, Joni Eareckson Tada—. ¿O alguien que sufre de parálisis cerebral, que tiene una lesión cerebral o que sufre de esclerosis múltiple? Imagínese la esperanza que esto le da a alguien que es maniacodepresivo. Ninguna otra religión, ninguna otra filosofía nos promete un cuerpo, un corazón y una mente nuevas. No es sino en el evangelio de Cristo que las personas que sufren pueden encontrar tanta esperanza".[87]

Podemos suponer que nuestro cuerpo resucitado será atractivo y retendrá los mismos rasgos físicos de nuestro cuerpo individual hoy.[88] En otras palabras, no todos los hombres tendrán el físico de un fisiculturista y el atractivo de una estrella de cine. Y no todas las mujeres tendrán la figura de una modelo ni la cara de un ángel. Su cara será su cara. Su cuerpo será su cuerpo, ya sea usted alto, bajo, delgado o relleno. Pero el cuerpo de todos será saludable y atractivo. No tendremos que preocuparnos por nuestra imagen corporal, ni por compararnos con otros. No se necesitarán los cirujanos plásticos en el cielo. Tampoco habrá necesidad de cosméticos; lo siento mucho, todas ustedes que venden los productos de Mary Kay. Como afirmó un escritor: "No tendremos que *intentar* ser hermosos; *seremos* hermosos".[89]

Nuestro cuerpo será personal

Su cuerpo, sus recuerdos, sus dones y talentos, sus pasiones y su espíritu son lo que lo hacen ser usted. En la resurrección, todos estos serán perfeccionados y glorificados, "en un abrir y cerrar de ojos" (1 Co. 15:52). Pero usted no llegará a ser otra persona u otro tipo de ser (como un ángel). Llegará a ser la persona que Dios quiso que fuera.

Cuando Juan escribió que "seremos semejantes a él" (1 Jn. 3:2), el apóstol no quiso decir que llegaremos a ser como pequeños Cristos, como el "Mini-Me" [el pequeño yo] del doctor Evil en las películas de Austin Powers. Llegaremos a tener un carácter como Cristo y tendremos un ADN celestial como el de Él, pero retendremos nuestra personalidad individual. En el cielo, yo seré Robert Jeffress, pero perfeccionado, y si usted es creyente, será Sandy Smith o Bob Brown o [llene su nombre], pero perfeccionado.

Permítame planteárselo de la siguiente manera: usted probablemente tiene una computadora y usa cierto software para hacer procesamiento de textos y crear hojas de cálculo. Cuando hay una actualización disponible, usted no vuelve a comprar todo el programa, sino que compra una mejor versión del mismo programa, con nuevos y mejores elementos. De igual manera, cuando nuestro cuerpo es resucitado, tendrá actualizaciones, e incluso nuevos elementos (aunque sin fallos y errores de programación), pero todavía seremos nosotros mismos.

Eso era lo que Jesús estaba dando a entender cuando se les apareció a sus discípulos después de la resurrección y dijo: "Yo mismo soy" (Lc. 24:39). Después de su muerte y resurrección, Jesús siguió siendo la misma persona que había sido antes de su muerte y resurrección. Randy Alcorn presentó argumentos sólidos a favor de la continuidad cuando escribió:

> Si no fuéramos nosotros mismos en la otra vida, no se nos podría pedir cuentas de lo que hicimos en esta vida. El Juicio no tendría sentido. Si Bárbara ya no es Bárbara, entonces no se le puede galardonar ni pedir cuentas de lo que Bárbara hizo. Ella tendría que decir: "Pero esa no fui yo". Las doctrinas del juicio y de los galardones eternos dependen del hecho de que las personas retengan su identidad cuando pasan de esta vida a la otra.[90]

Parte de nuestra identidad particular es que conservaremos nuestro nombre individual en el cielo. Dios prometió a los judíos justos que su nombre individual perduraría por toda la eternidad:

> Porque como los cielos nuevos y la nueva tierra que yo hago permanecerán delante de mí, dice Jehová, así permanecerá vuestra descendencia y vuestro nombre. (Is. 66:22)

Y al hablar de los que están en el cielo actualmente, Jesús usó el nombre terrenal de ellos. "Y os digo que vendrán muchos del oriente y del occidente, y se sentarán con Abraham e Isaac y Jacob en el reino de los cielos" (Mt. 8:11).

Pero a algunos se les dará un nombre adicional en el cielo. Al hablar a la iglesia de Pérgamo, el Cristo resucitado dijo: "Al que venciere [...], le daré una piedrecita blanca, y en la piedrecita escrito un nombre nuevo, el cual ninguno conoce sino aquel que lo recibe" (Ap. 2:17). Estos nombres nuevos no invalidan nuestro nombre viejo, ni anulan nuestra personalidad. De hecho, estos nombres reflejan la verdadera personalidad y responsabilidad de los que los reciben. Por ejemplo, Jacob, que significa "el que agarra el talón" o "suplantador" también fue llamado Israel "uno que lucha con Dios". Simón, que significa "Dios ha oído" también fue Pedro, "la roca". Y Saulo, que significa "por el cual se oró" también era Pablo, "pequeño" o "humilde".

Hemos visto muchos detalles acerca de nuestro cuerpo resucitado. ¿Pero qué significa todo ello? Simplemente que cuando lleguemos al cielo, nos reconoceremos como los individuos únicos que somos. También reconoceremos a santos que nunca hemos visto. Pedro, Jacobo y Juan reconocieron a Moisés y a Elías cuando aparecieron con Jesús cuando Él fue transfigurado (Mt. 17:4).

Las relaciones que hemos formado en la tierra perdurarán en el cielo, pero perdurarán sin conflictos ni enemistad. En el cielo, todas las cosas son hechas nuevas. "Nuestro reencuentro eterno con nuestros seres amados y amigos creyentes será perpetuamente glorioso", escribió el teólogo Ron Rhodes.

> Tenga en cuenta que ya no tendremos una naturaleza de pecado. No habrá peleas entre seres amados. No habrá resentimiento ni envidia ni celos. No habrá competencia ni rivalidades. No habrá palabras iracundas, ni malentendidos, ni egoísmo. Nuestras relaciones en el cielo serán maravillosas y completamente gratificantes.[91]

¡Eso es algo que esperamos con ansia experimentar en aquel "lugar llamado cielo"!

8

¿EL CIELO SERÁ IGUAL PARA TODOS?

He aquí yo vengo pronto, y mi galardón conmigo, para recompensar a cada uno según sea su obra.

(Apocalipsis 22:12)

Jim Marshall era un jugador de la línea defensiva de los Minnesota Vikings, conocidos como los "Purple People Eaters" [los Come Gente Púrpuras] en los años 1960 y 1970. Aunque era un campeón del Superbowl, a Marshall se le conoce mejor por el error que cometió el 24 de octubre de 1964. En un juego contra los San Francisco 49ers, Marshall vio que alguien había dejado caer el balón, lo recogió y empezó a correr por todo el largo del campo de fútbol. Unos jugadores de los Vikings que estaban en la zona alrededor del campo de fútbol siguieron a Marshall y empezaron a gritarle, diciéndole ¡que corriera en la dirección opuesta! Marshall no se había dado cuenta que estaba corriendo hacia su propia zona de anotación.

A pesar de ese error, Marshall jugó tan bien que los Vikings terminaron ganando el juego con una puntuación de 27-22.

Pero la historia muchas veces registra solo lo peor. Muy pocas personas recuerdan qué tan bien jugó Marshall ese día; lo único que recuerdan es su error. De hecho, hasta el día de hoy, a Jim Marshall se le recuerda solo por el apodo que le pusieron ese día: Marshall "el que corre en la dirección equivocada".

La meta del fútbol es llegar a la zona de anotación, pero para ganar, la clave es llegar a la zona de anotación *correcta*. De igual manera, nuestra meta es llegar al cielo, pero la clave para ganar la victoria final es llegar al cielo y oír que Jesús nos dice: "Bien, buen siervo y fiel".

Aunque todos los creyentes verdaderos llegarán a la zona de anotación espiritual, muchos llegarán solo después de haber pasado un tiempo corriendo en la dirección equivocada. Algunos creyentes serán felicitados por la manera en que jugaron el juego de la vida. Hay otros que, aunque al final terminarán del lado ganador, según la evaluación de Dios, habrán hecho poco para contribuir al éxito del equipo.

Es una verdad dura pero ineludible que el cielo no será igual para todos los creyentes. Cuando todos comparezcamos "ante el tribunal de Cristo" (Ro. 14:10), algunos recibirán grandes galardones, y otros no.

Una citación divina

Cada persona que haya vivido desde la época de Adán hasta el presente tendrá que comparecer ante el Juez divino quien "juzgará a los vivos y a los muertos" (2 Ts. 4:1). Nadie se escapa del juicio de Dios. Como declaró el escritor de Hebreos: "Está establecido para los hombres que mueran una sola vez, y después de esto el juicio" (Heb. 9:27). Fíjese que el escritor no limita el término genérico "hombres" (es decir, seres humanos) solo a ciertos individuos o grupos. Cada persona tendrá que someterse al escrutinio de Dios de su vida.

Sin embargo, no hay un juicio único para toda la humanidad. Más bien, los no creyentes comparecerán ante Cristo en lo que se denomina el juicio ante el gran trono blanco. Este juicio es para todos los no creyentes desde la época de Adán, y tendrá lugar al final del reino milenario; este juicio resultará en condenación y los no creyentes serán lanzados al lago de fuego (Ap. 20:11-15). Los creyentes comparecerán a un juicio muy diferente: "ante el tribunal de Cristo" (2 Co. 5:10). En este juicio, Dios felicitará a aquellos que Él considera que lo han servido fielmente durante su breve estadía en la tierra.

Comparecer ante el Juez

Hace unos años, algunos miembros de nuestra iglesia hicieron una gira por la antigua ciudad de Corinto, donde Pablo pasó dieciocho meses predicando el evangelio. Muchos corintios llegaron a tener fe en Cristo por medio de la predicación del apóstol. Sin embargo, el mensaje de Pablo enfureció a otros, quienes arrastraron al apóstol ante el gobernador romano de la provincia:

> Pero siendo Galión procónsul de Acaya, los judíos se levantaron de común acuerdo contra Pablo, y le llevaron al tribunal, diciendo: Este persuade a los hombres a honrar a Dios contra la ley. Y al comenzar Pablo a hablar, Galión dijo a los judíos: Si fuera algún agravio o algún crimen enorme, oh judíos, conforme a derecho yo os toleraría. Pero si son cuestiones de palabras, y de nombres, y de vuestra ley, vedlo vosotros; porque yo no quiero ser juez de estas cosas. Y los echó del tribunal. (Hch. 18:12-16)

La frase que se traduce "tribunal" es la palabra griega *bema.* Se refiere a una plataforma elevada —similar al banco elevado en el que se sientan los jueces en los tribunales modernos— en la cual se sentaba el gobernante o juez para pronunciar sus decretos o veredictos.

Al estar nuestro grupo en el lugar donde Pablo estuvo de pie ante su juez, me pregunté cómo se habría sentido Pablo al estar de pie ante un hombre en cuyas manos estaba su destino. ¿Cómo mantuvo el apóstol una actitud calmada al enfrentar la posibilidad de su muerte? Creo que lo pudo hacer porque sabía que el juicio de Galión, fuera el que fuera, no era el juicio final sobre su vida. Un día, Pablo estaría de pie ante otro tribunal desde el cual el Juez del universo evaluaría su fidelidad a Cristo.

Lo que hace que el juicio ante la *Bema* difiera del juicio ante el gran trono blanco es que todos los que comparecen ante el tribunal (la *Bema*) de Cristo serán salvos. Dios ya habrá declarado "no culpable" a todo el que comparece ante este juicio. El término teológico para esta declaración es la *justificación.* Pablo escribió: "Justificados, pues, por la fe, tenemos paz para con Dios por medio de nuestro Señor Jesucristo" (Ro. 5:1).

Puede plantearse la justificación de la siguiente manera: imagínese que usa su tarjeta de débito para hacer una compra, pero al hacerlo, sobregira su cuenta. El banco le notifica del sobregiro y le aplica un recargo por cubrir su compra. Si usted deposita el monto del sobregiro y del recargo, el banco le perdonará la deuda y no le aplicará ninguna sanción adicional. El único problema es que usted se encuentra en bancarrota, y no tiene fondos que depositar. Se encuentra en una situación de déficit ante el banco. Sin embargo, un amigo descubre su dilema y hace un depósito a su cuenta para cubrir el sobregiro y el recargo.

En cierto sentido, eso es lo que Cristo ofrece hacer por nosotros. Todos nosotros estamos "sobregirados" en nuestra "cuenta de justicia" ante Dios. Y cada vez que pecamos, solo aumenta nuestra deuda con Dios. Si morimos estando en bancarrota espiritual —sin poder pagar nuestra deuda— enfrentamos la sanción de la separación eterna de Dios.

Pero cuando confiamos en Cristo para nuestra salvación, Dios nos acredita la perfección de su Hijo a nuestra "cuenta de justicia", eliminando así toda sanción futura. Esto quiere decir que los creyentes nunca tienen que preocuparse por un juicio futuro de los pecados por los cuales ya pagó Cristo. Pablo nos asegura que "ninguna condenación hay para los que están en Cristo Jesús" (Ro. 8:1).

Sin embargo, el ser justificados no nos exime de que Dios evalúe nuestra vida después que nuestros pecados son perdonados. Pablo declara:

> Porque es necesario que *todos nosotros* comparezcamos ante el tribunal de Cristo, para que cada uno reciba según lo que haya hecho mientras estaba en el cuerpo, sea bueno o sea malo. (2 Co. 5:10, énfasis añadido)

Fíjese que Pablo dice que "es necesario que *todos nosotros* comparezcamos". He revisado el texto griego, ¡y "todos" significa "todos"! Cada creyente comparecerá ante el tribunal de Cristo; no hay ninguna excepción, exclusión ni exención. Cada uno de nosotros comparecerá ante el Señor para ser evaluado y recibir la recompensa que sea apropiada. *Recuerde que el tribunal de Cristo es para* recompensar *a los creyentes, mientras que el juicio ante el gran trono blanco es para* condenar *a los no creyentes.*

Es por eso que Pablo les dijo a los corintios que "procuramos también, o ausentes [del cuerpo] o presentes [en el cuerpo], serle agradables" (2 Co. 5:9).

¿Cuándo se llevará a cabo nuestro juicio?

¿Cuándo se realizará esta evaluación? Lo más probable es que ocurra inmediatamente después del rapto de la iglesia, cuando los creyentes que estén vivos serán llevados inmediatamente a la presencia del Señor y los creyentes muertos serán resucitados a la vida eterna. Aunque no hay ningún versículo en sí que indique que el juicio en la *Bema* ocurra inmediatamente después del rapto, hay varios factores que sugieren esta conclusión.

Primeramente, la Escritura indica que los veinticuatro ancianos mencionados en Apocalipsis 4:10 (quienes representan todos los creyentes), ya han recibido sus galardones (coronas) para el principio de la tribulación. Además, cuando la iglesia (la "novia de Cristo") regresa a la tierra con Jesús en la segunda venida —siete años después del rapto— la Biblia dice que la novia se vestirá "de lino fino, limpio y resplandeciente", lo cual representa "las acciones justas de los santos" (Ap. 19:8). Estos dos hechos dan a entender que la evaluación de la vida de los creyentes ya se ha llevado a cabo.

¿Son importantes nuestras obras?

Muchos creyentes están confundidos acerca de la importancia de obedecer a Dios en esta vida. Declaran erróneamente: "Mis buenas obras no tienen ningún valor para Dios". Aunque es cierto que somos salvos por la gracia de Dios aparte de nuestras obras, Dios nos recompensa como creyentes con base en nuestras obras. Si bien nuestras obras no sirven de nada para *conseguirnos un lugar* en el cielo, son esenciales para *determinar nuestra experiencia* en el cielo.

Pablo distinguió entre las obras hechas *antes* de la salvación y aquellas hechas *después* de la salvación. Él dijo lo siguiente acerca de nuestras obras antes de ser salvos: "Porque por gracia sois salvos por medio de la fe; y esto no de vosotros, pues es don de Dios; *no por obras*, para que nadie se gloríe" (Ef. 2:8-9).

Pero Pablo dijo lo siguiente acerca de las obras después de ser salvos: "Porque somos hechura suya, creados en Cristo Jesús *para buenas obras*, las cuales Dios preparó de antemano para que anduviésemos en ellas" (v. 10).

Antes de convertirnos a Cristo, nuestras obras no eran suficientes sino para condenarnos ante Dios. Pero una vez que nos hemos convertido, nuestras obras deben ser suficientes como para que Dios nos felicite. Como ya hemos visto, todos compareceremos ante el tribunal de Cristo para ser evaluados con base en lo que hayamos hecho, "sea bueno o sea malo" (2 Co. 5:10). La palabra griega que se traduce "malo" *(phaulos)* quiere decir literalmente "sin ningún valor".

Si usted cree que Google, Facebook y Amazon recogen una gran cantidad de información sobre nuestro historial de búsquedas, nuestros gustos y nuestras compras, su compilación de datos es un grano de arena comparada con el sistema de recolección de Dios. Él sabe cada palabra que hemos dicho, cada acción que hemos llevado a cabo y cada motivo que hemos tenido, y un día, Él lo pondrá todo de manifiesto. Según dice la Escritura, el Señor evaluará nuestras acciones, pensamientos y palabras; nuestro uso de nuestros talentos y dones, y nuestro tiempo; así como la manera en que tratamos a otros, nuestra hospitalidad hacia los desconocidos, nuestra respuesta al ser maltratados, nuestros esfuerzos por ganar a otros para Cristo, y nuestra actitud hacia el dinero.[92]

Nada estará escondido del escrutinio del Señor. Pensar en ese día futuro de la evaluación de Dios me recuerda un examen físico muy riguroso que me hice una vez (¡fíjese que no me lo hice sino una sola vez!). Parte del examen consistía en determinar cuánta grasa corporal tenía en mi cuerpo. La asistente del médico que dijo que me quitara la ropa y me metiera en una cesta, la cual sería sumergida en lo que se llama muy acertadamente "el tanque de la grasa". Mientras retuve mi aliento bajo el agua, el médico calculó mi porcentaje de grasa corporal.

Pero eso no fue lo peor. Luego se me obligó a estar de pie completamente desnudo ante el médico, mientras este usaba un dispositivo de tortura para pincharme varias partes del cuerpo para calcular cuánta grasa corporal tenía, utilizando un método diferente. En ese momento, lamenté cada galleta de chocolate que jamás había comido, cada vez que me había dado vuelta en la cama y le había dado al botón de repetición de mi alarma en vez de levantarme a hacer ejercicio en la caminadora, y cada vez que me había levantado de noche para ir a la nevera a buscar otra cucharada de helado. Al estar parado ahí completamente desnudo, siendo apretado, pellizcado y punzado, mientras que mi médico fruncía el ceño, hacía muecas y se reía entre dientes, lo único que pude pensar fue: ¡Él lo sabe todo!

Al final de esta terrible experiencia, mi médico me llamó a su oficina. Después de que intercambiáramos las cortesías de rigor, abrió el expediente en el cual estaban los resultados de mi examen. Antes que nada me felicitó por mi programa de ejercicio, los resultados de mi prueba de esfuerzo con ejercicio y el cereal de salvado que desayuno todas las mañanas. Luego hizo una mueca y me dijo con mucha seriedad: "Ahora vamos a hablar de tu grasa corporal". *Eso siempre es un tema de conversación placentero,* pensé yo. "Necesita bajar su nivel de grasa corporal unos puntos. Y también tiene que bajar su colesterol, así que deje de comer ese plato de helado cada noche". Aunque mi médico me felicitó por las cosas positivas que estaba haciendo, también criticó mis hábitos negativos, los cuales ponían en peligro mi salud. Este examen no fue la experiencia más placentera de mi vida, pero tampoco fue la peor experiencia que haya tenido.

De igual manera, cuando estemos ante el tribunal de Cristo, cada aspecto de nuestra vida será revelado ante Dios. Como Jesús advirtió: "Porque nada hay oculto, que no haya de ser manifestado; ni escondido, que no haya de ser conocido, y de salir a luz" (Lc. 8:17). La evaluación franca de Dios acerca de la totalidad de nuestra breve estadía en la tierra resultará en galardones o la pérdida de galardones, pero no en condenación eterna.

¿Qué exactamente ocurrirá ante el tribunal de Cristo?

Pablo usó tres analogías para explicar lo que ocurrirá ante el tribunal de Cristo. Su primera ilustración es de un acuerdo de fideicomiso con Dios:

> Pero tú, ¿por qué juzgas a tu hermano? O tú también, ¿por qué menosprecias a tu hermano? De manera que cada uno de nosotros dará a Dios cuenta de sí. (Ro. 14:10, 12)

La idea de "dar cuenta de sí" tiene que ver con la analogía de un fideicomisario, uno que es responsable y legalmente obligado a administrar algo que es propiedad de otro. En algún momento futuro, el fideicomisario tendrá que dar cuenta de cómo administró aquel fideicomiso. Por ejemplo, los asesores financieros sirven de fideicomisarios del dinero de sus clientes. El dinero que estos invierten no es propiedad de ellos; simplemente administran y se supone que multiplican los fondos de sus clientes.

De igual manera, todo lo que tenemos es como un fideicomiso para con Dios: nuestra vida, nuestros talentos, habilidades, dones y oportunidades. No somos propietarios de nada; simplemente somos administradores responsables de usar estos bienes para promover los intereses de Dios. En el tribunal ante la *Bema*, debemos estar preparados para contestar la siguiente pregunta del Señor: "¿Qué hiciste con lo que yo te encomendé?"

La analogía del fideicomisario pone de relieve una verdad básica pero esencial acerca de cómo Dios nos evaluará en el tribunal de Cristo: Dios no juzgará a todo creyente de la misma manera. Por ejemplo, Dios no me juzgará a mí según el mismo estándar con el que evalúa a Billy Graham. Dios le dio al doctor Graham un don diferente al que me dio a mí. No tengo que preocuparme de que algún día Dios me haga responder de oportunidades que nunca tuve. Un fideicomisario solo es responsable de lo que se le ha encomendado.

Pablo también utiliza la analogía de construir una casa para ilustrar el juicio que enfrentarán los creyentes:

> Conforme a la gracia de Dios que me ha sido dada, yo como perito arquitecto puse el fundamento, y otro edifica encima; pero cada uno mire cómo sobreedifica. Porque nadie puede poner otro fundamento que el que está puesto, el cual es Jesucristo. (1 Co. 3:10-11)

Cada uno de nosotros está en el proceso de construir su propia "casa" o vida. El fundamento de la vida del creyente es su fe en Jesucristo. Sin embargo, una vez que se haya puesto este fundamento, debemos determinar qué tipo de vida construiremos, basado en los materiales de construcción que escogemos. Al construir sobre el fundamento de la fe, los creyentes pueden construir una vida hecha con "oro, plata, [y] piedras preciosas" o bien "madera, heno, [y] hojarasca" (v. 12).

Cuando estemos de pie ante Cristo, nuestra vida —nuestra casa— será probada con fuego: "la obra de cada uno se hará manifiesta; porque el día la declarará, pues por el fuego será revelada; y la obra de cada uno cuál sea, el fuego la probará"

(v. 13). La idea aquí es que la evaluación de Dios se basará principalmente en la importancia eterna que haya tenido nuestra vida.

La única manera de resistir el calor abrasador del juicio de Jesús es construir nuestra vida con materiales duraderos. Construir una vida que va en busca de beneficios, poder o placer es como construir una vida hecha de paja. Pero a diferencia del cuento de niños acerca de los tres cerditos, Jesús no sopla hasta derribar la casa; ¡Él simplemente le pone una cerilla! Cada aspecto de nuestra vida que Dios considere ser temporal y no eterno será consumido en la hoguera de su santidad, y lo único que quedará es un montón de cenizas.

Sin embargo, construir una vida dedicada a glorificar a Dios (oro), presentar a otros al Salvador (plata) y demostrar un amor por Dios y por otros (piedras preciosas) es como construir una casa de acero y mármol: no será chamuscada por el calor de la evaluación de Jesús.[93] Los creyentes recibirán galardones basados en lo que perdura. Pablo les dijo a los corintios: "Si permaneciere la obra de alguno que sobreedificó, recibirá recompensa" (1 Co. 3:14). Las acciones de una persona que terminan siendo consumadas se perderán para siempre, aunque la persona será salva: "Si la obra de alguno se quemare, él sufrirá pérdida, si bien él mismo será salvo, aunque así como por fuego" (v. 15).

Esta analogía da a entender que nuestra vida será juzgada con base en su permanencia, es decir, las decisiones que hemos tomado al construir nuestra vida. Pero las cosas que hemos hecho no serán el único criterio que usará Cristo para evaluar nuestra vida. Él también juzgará el porqué de nuestras decisiones.

> Así que, no juzguéis nada antes de tiempo, hasta que venga el Señor, el cual aclarará también lo oculto de las tinieblas,

y manifestará *las intenciones de los corazones*; y entonces cada uno recibirá su alabanza de Dios. (1 Co. 4:5)

Por ejemplo, si yo le doy dinero a Dios por obediencia, Él lo considera oro. Pero si estoy dando para que otros se den cuenta de lo generoso que soy, Él lo cuenta como paja. Los motivos son importantes, ya sea que le comuniquemos el evangelio a alguien, hagamos un viaje de misiones o demostremos hospitalidad a un extranjero. Como dijo Salomón: "Todos los caminos del hombre son limpios en su propia opinión; pero Jehová pesa los espíritus" (Pr. 16:2).

Algunos tal vez se pregunten si invertir su vida de manera sabia para recibir galardones en el futuro es un motivo incorrecto en sí. ¡Para nada! Considere el ejemplo de Abraham. ¿Por qué estuvo dispuesto a obedecer al Señor al desarraigar a su familia y dejar atrás sus amigos para ir a un destino desconocido y extraño? El escritor de Hebreos dice que Abraham "esperaba la ciudad que tiene fundamentos, cuyo arquitecto y constructor es Dios" (Heb. 11:10). La única ciudad que ha diseñado o diseñará jamás Dios es la Nueva Jerusalén que será revelada en el futuro. En otras palabras, Abraham obedeció a Dios en esta vida pensando en el galardón que recibiría de Dios en la otra vida.

O piense acerca de la experiencia de Moisés. El futuro líder del pueblo de Dios voluntariamente renunció a los beneficios de vivir en la casa de Faraón, "escogiendo antes ser maltratado con el pueblo de Dios, que gozar de los deleites temporales del pecado" (v. 25). ¿Por qué tomó Moisés esta decisión heroica? ¿Simplemente por dedicación a Dios?

No, el escritor de Hebreos revela que la decisión de Moisés estaba basada en un cálculo objetivo. Moisés estaba "teniendo por mayores riquezas el vituperio de Cristo que los tesoros de los egipcios; porque tenía puesta la mirada en el galardón"

(v. 26). La palabra que se traduce "teniendo por" significa "calcular". En otras palabras, Moisés hizo el cálculo y determinó que los placeres a corto plazo de esta vida eran insignificantes comparados con los galardones eternos de la otra vida, que eran producto de obedecer a Dios.

Que no le quepa la menor duda: tanto Moisés como Abraham fueron motivados por los galardones futuros. En realidad, esa es la esencia de la fe: creer que en el futuro, Dios nos galardonará si construimos nuestra vida alrededor de servirle a Él y a su reino. Como declara el escritor de Hebreos:

> Pero sin fe es imposible agradar a Dios; porque es necesario que el que se acerca a Dios crea que le hay, y que es galardonador de los que le buscan. (Heb. 11:6)

Algunos tal vez cuestionen sus motivos, pero estos dos hombres entendían lo que mi amigo Erwin Lutzer ha dicho: "Los galardones siempre dependen de la fidelidad".[94] En otras palabras, la fidelidad de Abraham y de Moisés al buscar la ciudad de Dios y el galardón celestial revelaba que sus motivos eran puros, porque en el fondo, su motivo era ver a Cristo.

La tercera analogía de Pablo acerca del juicio es la de una competencia de atletismo. Hablando una vez más a los corintios, Pablo dijo:

> ¿No sabéis que los que corren en el estadio, todos a la verdad corren, pero uno solo se lleva el premio? Corred de tal manera que lo obtengáis. Todo aquel que lucha, de todo se abstiene; ellos, a la verdad, para recibir una corona corruptible, pero nosotros, una incorruptible. Así que, yo de esta manera corro, no como a la ventura; de esta manera peleo, no como quien golpea el aire, sino que golpeo mi cuerpo, y

> lo pongo en servidumbre, no sea que habiendo sido heraldo para otros, yo mismo venga a ser eliminado. (1 Co. 9:24-27)

Los juegos ístmicos se celebraban cada dos años en Corinto e incluían carreras a pie y partidos de boxeo. Al ganador de estas competencias se le premiaba con una corona. Pero a diferencia de las medallas de oro que reciben los campeones olímpicos hoy día, la corona del ganador en los juegos ístmicos estaba hecha de perejil, guinda salvaje y ramas de pino. Terminaba marchitándose y secándose. Pablo quería animar a los corintios (y a nosotros) a que corramos la carrera de la vida de tal manera que ganemos una corona "incorruptible", un galardón celestial que nunca se descompondrá ni morirá.

Las competencias de atletismo tienen reglas sencillas. En primer lugar, la carrera comienza cuando el oficial da el pistolazo de salida. Empezamos nuestra carrera de fe el momento en que colocamos nuestra confianza eterna en Cristo, no antes. En segundo lugar, los corredores tienen que mantenerse en la pista, o quedar descalificados. Los creyentes tienen una "pista" única que Dios ha diseñado para nosotros, y esa pista no tiene ningún atajo. Finalmente, los corredores deben evitar las distracciones y mantener los ojos puestos en la cinta final.

El corredor australiano John Landy estaba compitiendo de manera acalorada con Roger Bannister para ver quién podía ser el primero en batir el récord de correr una milla en cuatro minutos. Bannister lo logró el 6 de mayo de 1954. Unos meses después, Landy y Bannister se consiguieron en los juegos del imperio británico y de la comunidad británica de naciones. Landy corría a un ritmo vertiginoso y estaba ganando la carrera. Sin embargo, cuando pasó por la última curva, Landy miró por encima de su hombro izquierdo para vislumbrar a Bannister. Pero en el mismo momento que Landy miró por encima de su hombro, Bannister lo rebosó del lado derecho, ganando así la carrera y batiendo su propio récord.

Es sumamente fácil para cualquiera de nosotros distraernos de la línea final de la vida. Dar demasiada atención a aquello que tiene poco valor eterno —la televisión, las noticias, el Facebook, el Twitter, los videojuegos— puede hacer que dejemos de fijar nuestros ojos en "la carrera que tenemos por delante" (Heb. 12:1). Ninguna de estas actividades es mala en sí misma, pero estas diversiones pueden impedir que recibamos el galardón que Dios le da a aquellos que terminan bien su carrera.

Lo que los galardones futuros significarán para nosotros

Muchos creyentes estarán contentos simplemente de poder estar en el cielo; eso será suficiente galardón para ellos... o por lo menos, así lo creen. Pero tener galardones, o no tenerlos, influirá grandemente en nuestra experiencia en el cielo. "Todas las personas en el cielo serán grandemente bendecidas —dijo el teólogo Norm Geisler—, pero no todos serán bendecidos de igual manera. La copa de todo creyente estará llena y rebosará, pero no todos tendrán una copa del mismo tamaño".[95]

Esto no es solo bíblico, sino que también es justo. Si Cristo nos galardonara a todos de manera igual en el cielo sin importar nuestra conducta en la tierra, Él sería un Juez injusto. Pero Él no lo es. Imagínese lo siguiente: una madre de dos hijos adolescentes está en la cocina horneando una torta. Ella les dice a ambos hijos que si cada uno recoge su cuarto, ella le horneará a cada uno su torta favorita. Después, cuando ella sube al otro piso, ve que un hijo ha colgado su ropa, ha recogido su ropa interior y la ha colocado en su gaveta, y ha pasado la aspiradora en su habitación.

Sin embargo, el otro hijo está sentado en medio de un montón de camisetas sucias, medias malolientes y cajas de pizza y está jugando videojuegos. Ambos disfrutan de tener su propia habitación y ambos disfrutarán de una deliciosa comida hecha en casa, pero solo uno de ellos disfrutará de su postre favorito.

Es igual en el caso de nosotros. Aunque nuestras obras no influyen en nuestra obtención de la salvación, juegan un papel esencial en nuestra obtención de galardones en el cielo. Jesús dijo: "He aquí yo vengo pronto, y mi galardón conmigo, para recompensar a cada uno *según sea su obra*" (Ap. 22:12, énfasis añadido).

De igual manera, Pablo repitió la importancia de nuestras obras cuando explicó que en el tribunal de Cristo, cada creyente será galardonado según sus obras: "Para que cada uno reciba según lo que haya hecho mientras estaba en el cuerpo, sea bueno o sea malo" (2 Co. 5:10).

Lo que ganan los ganadores

Imagine que usted ha pasado años entrenando para competir en el maratón de Boston, y después de dedicarle cada parte de su vida a esta carrera, cruzó la línea final de primero. Cómo se sentiría si los oficiales a cargo de la carrera dijeran: "Este año hemos decidido cambiar las reglas. En vez de dar premios a los que llegan en primer, segundo y tercer lugar, simplemente vamos a dar a todos un trofeo por haber participado. Pensamos que sería más justo así". ¿Justo? Es injusto no reconocer y premiar a los que hacen los sacrificios necesarios para ganar una competencia.

La misma verdad se aplica a los galardones en el cielo. Los que corren bien la carrera, los que administran bien lo que se les ha encomendado, y los que han construido su vida con oro, plata y piedras preciosas —todo con los motivos correctos—

recibirán lo que la Biblia llama "coronas". La Escritura habla de por lo menos cinco coronas diferentes que podremos recibir ante el tribunal de Cristo.

En primer lugar, la corona "incorruptible" (1 Co. 9:25) es para aquellos que vivieron una vida disciplinada controlada por el Espíritu. Así como el fruto del Espíritu nunca se echa a perder, ni se enmohece ni se pudre, así será el galardón para todos los que vivieron una vida fructífera y positiva.

En segundo lugar, la "corona de gozo" (1 Ts. 2:19-20) está reservada para aquellos que participaron en el evangelismo y el discipulado. En el contexto de 1 Tesalonicenses, el galardón será el gozo de saber que muchos de los habitantes del cielo están ahí porque usted y yo jugamos un papel en su salvación.

Como escribió el finado William Barclay: "Nuestra mayor gloria está en aquellos a quienes Él ha puesto o ayudado en el camino a Cristo".[96]

En tercer lugar, la "corona de justicia" (2 Ti. 4:8) se les da a aquellos que viven de manera obediente mientras esperan la venida del Señor. No está claro en qué consiste este galardón, pero evidentemente es un galardón basado en haber vivido de manera obediente estando en la tierra.

En cuarto lugar, la "corona de vida" (Stg. 1:12; Ap. 2:10) se les da a aquellos que aman al Señor lo suficientemente como para soportar fielmente las pruebas de esta vida sin perder su fe ni negar a Cristo, especialmente los que son fieles hasta la muerte.

Finalmente, la "corona de gloria" (1 P. 5:4) está reservada para los que fielmente y de manera sacrificial sirven a la iglesia de Cristo, especialmente los pastores que con fidelidad enseñan la Palabra de Dios y pastorean la congregación por la que Dios los ha llamado a velar.

Lo que significan verdaderamente las "coronas"

"Jesús no nos llamó a ponernos una corona en esta vida —escribió Billy Graham—. Él nos ha llamado a llevar una cruz y vivir para Él aunque seamos ridiculizados. Sin embargo, cuando lleguemos al cielo, soltaremos nuestra cruz y nos pondremos las coronas que Él nos da".[97] Sin embargo, algunas personas alegan que cualquier galardón que los creyentes reciban en el cielo no tendrá ninguna importancia a la larga porque le entregaremos estos galardones a Dios, según vemos que hacen los veinticuatro ancianos en Apocalipsis 4:10 (quienes representan la iglesia en el cielo), "y echan sus coronas delante del trono" mientras adoran a Dios.

Pero esta interpretación cuestionable niega las enseñanzas del resto del Nuevo Testamento que declaran que nuestra obediencia a Dios en esta vida definitivamente tiene consecuencias en la otra vida. Más bien, la visión de Juan de esta futura escena en el cielo es un recordatorio de que todo lo que recibimos —incluso nuestra salvación y hasta nuestros galardones— a fin de cuentas, se puede atribuir a la gracia de Dios, por la cual alabaremos a nuestro Creador para siempre.

Sin embargo, esto no significa que la experiencia de todos será igual en el cielo. ¿Qué significarán en realidad estas "coronas" en el cielo? Algunos creen que estos galardones son coronas literales que usaremos por toda la eternidad. Otros, como este servidor, creemos que aunque tal vez sean coronas físicas (que definitivamente será posible echar delante del trono de Dios), también representan beneficios eternos y tangibles que se les dará a quienes Cristo premia cuando comparecen ante su tribunal. Entre estos beneficios están:

- *Privilegios especiales*. ¿En algún momento ha visitado "El lugar más feliz del mundo"? Por supuesto que me refiero a Disneyland o Disney World. Amy y yo fuimos allí muchas veces cuando nuestras hijas eran pequeñas. Por un solo precio, uno puede entrar al Magic Kingdom [reino mágico] y disfrutar de las atracciones. Pero para aquellos que están dispuestos a pagar un poco más, Disney provee beneficios adicionales: entradas a todos los parques, alojamiento mejor, y la oportunidad de desayunar con Mickey y Minnie, o con las princesas. De igual manera, la Biblia enseña que algunos creyentes disfrutarán de beneficios especiales en el cielo: una bienvenida especial de parte de Dios como el desfile triunfal que se le otorga a un atleta que gana una medalla de oro (2 P. 1:11), acceso especial al árbol de la vida (Ap. 2:7) y hasta un trato especial de parte de Cristo mismo (Lc. 12:37).

- *Puestos especiales.* Examinamos esto en bastante detalle en el capítulo 5, pero vale la pena repetirlo: a los que son fieles en la tierra se les asignará responsabilidades adicionales en el cielo como galardón. En la parábola de los talentos, Jesús felicitó a aquellos que habían sido fieles al decir "sobre poco has sido fiel", y los premió al prometer "sobre mucho te pondré; entra en el gozo de tu señor" (Mt. 25:21).
- *Aclamación especial.* La mayoría de nosotros recordamos el gozo de oír a uno de nuestros padres decir: "¡Estoy orgulloso de ti!" Y a nadie se le olvida cuando un jefe le dice: "Estás haciendo un maravilloso trabajo. Eres un elemento valioso para nuestra compañía". Recuerdo haber estado en la fiesta que se hizo después que se anunció que Donald Trump había ganado la presidencia. Después de hacer un breve discurso para dar gracias a sus partidarios, Trump bajó a estrechar la mano de la gente. Cuando me vio, se me cercó y dijo: "Robert, gracias por todo lo que

hiciste para que esta noche fuera posible. Sin ti, esto no hubiera ocurrido". ¡Nunca olvidaré esas palabras! Pero ninguna aclamación que recibamos en esta vida —aun de las personas más influyentes del mundo— se compara con la aclamación que algunos recibirán de Cristo en la otra vida cuando Él les diga: "¡Bien, buen siervo y fiel!" (Mt. 25:21) Ese es un galardón que todo verdadero creyente se esfuerza por recibir. Sin embargo, solo les es reservado a aquellos que son obedientes a Cristo en esta vida.

Lo que los perdedores perderán ante el tribunal de Cristo

Algunos creyentes estarán de pie ante el Señor llenos de confianza, mientras otros estarán ante Él llenos de vergüenza. Es por eso que Juan nos advirtió:

> Y ahora, hijitos, permaneced en él, para que cuando se manifieste, tengamos confianza, para que en su venida no nos alejemos de él avergonzados. (1 Jn. 2:28)

Aquellos que se ruborizarán, estarán cabizbajos y darán patadas en el piso cuando comparezcan ante el tribunal de Cristo perderán lo que hubieran podido recibir, de lo cual Juan también nos advirtió:

> Mirad por vosotros mismos, para que no perdáis el fruto de vuestro trabajo, sino que recibáis galardón completo. (2 Jn. 8)

No todos sentirán el mismo grado de gozo y satisfacción en el cielo. Todo el que ha construido su vida alrededor de sí mismo en vez de Cristo sentirá una verdadera pérdida apreciable.

"Si la obra de alguno se quemare, él sufrirá pérdida", escribió Pablo (1 Co. 3:15). Y aunque su salvación estará asegurada —"él mismo será salvo, aunque así como por fuego" —el perderse los galardones celestiales le causará verdadero pesar.

"Pero, pastor, ¿cómo puede alguien estar feliz en el cielo si lamenta haber perdido sus galardones?" El gozo y el pesar no se excluyen mutuamente. Por ejemplo, supongamos que mi agente de seguros me dice que mi casa está asegurada por $100 000 menos del valor real y que debo cambiar mi póliza inmediatamente. Pero en vez de hacerlo de inmediato, lo dejo para otro día. Una noche, me despierto y descubro que mi casa arde en llamas. Avanzando a tientas debido al humo, lanzo una silla por la ventana, y mi esposa y yo apenas escapamos de la muerte.

Al estar de pie en nuestro patio delantero mirando mientras nuestra casa se destruye, ¿qué siento? Definitivamente estoy lleno de alegría porque logramos escapar de las llamas y salvarnos de la muerte, pero al mismo tiempo, mi gozo es atenuado por el hecho de no haber tomado la decisión financiera correcta y haber invertido más en mi seguro de vivienda.

Muchos creyentes sentirán esa misma mezcla de gozo y remordimiento ante el tribunal de Cristo. Aunque estarán eternamente agradecidos por haber escapado del lago de fuego, también sentirán remordimiento al ver que su vida es consumida por las llamas cuando Dios juzga que sus obras no tienen ningún valor. También sentirán un vacío cuando se den cuenta de los galardones que se han perdido por haber invertido su vida en cosas temporales en vez de cosas eternas.

Puedo oír a algunos de ustedes decir: "Pero yo creía que en el cielo no había tristeza. ¿No es cierto que Dios enjuga toda lágrima de nuestros ojos?" Pues, sí y no. Es cierto que "enjugará Dios toda lágrima de los ojos de ellos" y que "no habrá más llanto" en el estado eterno de la tierra nueva (Ap. 21:4). Sin embargo, esta promesa llega *después* del tribunal de Cristo. Tiene perfecto sentido que cuando cada uno de nosotros estemos ante la *Bema* de Dios, habrá algunos aspectos de nuestra vida que serán consumidos por el fuego de su santidad. Y esa pérdida hará que estemos tristes temporalmente. Sin embargo, una vez que el Señor haya terminado de hacer su evaluación, cualquier lágrima que hayamos derramado desaparecerá para siempre, aunque las consecuencias de haber perdido nuestros galardones perdurarán por toda la eternidad.

Mi antiguo profesor en el seminario y antiguo presidente de Dallas Theological Seminary, el finado John Walvoord, nos anima a que pensemos acerca del tribunal de Cristo como una ceremonia de graduación:

> Algunos estudiantes se gradúan con honores o con los máximos honores, y otros reciben premios por haber alcanzado logros especiales. Sin embargo, el sentimiento que impera en todos los que se gradúan es la alegría de recibir un diploma después de años de sacrificio y estudio. Cada persona que se gradúa recibe un diploma y siente gozo y satisfacción. Por una parte, debemos considerar lo serio que es comparecer ante el tribunal de Cristo; por otra parte, todos los creyentes pueden regocijarse de la maravillosa gracia de Dios que les permite a todos estar en el cielo aunque hayan sido imperfectos en esta vida.[98]

En el cielo habrá verdadero pesar para muchos, pero habrá gran regocijo para todos. No considerar la tristeza de perder sus galardones es hacer que la fidelidad a Dios en esta vida parezca irrelevante. Sin embargo, considerar demasiado la tristeza de perder sus galardones es hacer del cielo un infierno. La meta es correr la carrera que Dios nos ha dispuesto, administrar con cuidado lo que Él nos ha encomendado, y construir nuestra vida con acciones y motivos que tengan un valor eterno.

En su maravilloso libro *Tu eterno galardón*, Erwin Lutzer cuenta la historia de un mendigo en la India cuyo camino se cruzó con el de un rajá rico, quien era transportado en una hermosa carroza. El mendigo estaba de pie al lado del camino con un plato de arroz en su mano, la cual extendía pidiendo una limosna. Para su sorpresa, el rajá se detuvo y dijo: "¡Dame de tu arroz!" El mendigo estaba enojado con la idea de que un hombre rico le exigiera arroz a un hombre pobre. Pero le dio al rajá un grano de arroz. "Quiero más", dijo el rajá. Entonces el mendigo le dio un grano más. "Más arroz", dijo el rajá. Ya para este momento, el mendigo estaba lleno de resentimiento, pero le dio al rajá un grano más de arroz.

Después de irse el rajá, el mendigo miró su plato de arroz. Lo que vio lo dejó asombrado. Ahí en su plato había un grano de oro del tamaño de un grano de arroz. Miró con más detenimiento y encontró dos granos de oro más. Por cada grano de arroz que él había regalado, recibió un grano de oro a cambio.

Lutzer aplica la historia a nuestra vida de la siguiente manera: "Si nos agarramos de nuestro plato de arroz, perderemos nuestro galardón. Si somos fieles y le damos a Dios cada grano, Él nos dará oro a cambio. Y el oro que nos da Dios no lo destruirá el fuego".[99]

Intercambiar arroz por oro es un intercambio bastante astuto, pero mucho menos lucrativo que intercambiar los placeres temporales de esta vida por los galardones eternos en ese "lugar llamado cielo".

9

¿QUIÉNES ESTARÁN EN EL CIELO?

Yo soy el camino, y la verdad, y la vida; nadie viene al Padre, sino por mí.

Juan 14:6

Los mapas pueden ser útiles en el momento de ir a un sitio desconocido. Desafortunadamente, tuve que aprender el valor de los mapas por las malas hace unos años. Un amigo pastor me había invitado a Canadá a ser el orador en el banquete anual del día de San Valentín de su iglesia. Salí de Dallas temprano por la mañana y después de cambiar de avión en Minneapolis, aterricé en Winnipeg, Manitoba, alrededor de las cuatro de la tarde con bastante tiempo de sobra.

Después de buscar mi equipaje, me paré afuera esperando que llegara mi anfitrión. Esperé y seguí esperando. Después de unos treinta minutos, volví a entrar en el terminal para llamar a la casa del pastor. Cuando miré la invitación que él me había enviado unas semanas antes para conseguir su número de teléfono, me fijé que la ciudad y la provincia que aparecía en el membrete no correspondía con el lugar en que yo estaba. Ya que había predicado para este pastor en su iglesia en Winnipeg unos diez años atrás, supuse que todavía estaba con la misma iglesia. ¡Qué grave error!

Llevé la carta al mostrador de la aerolínea y expliqué que aparentemente había viajado a la ciudad equivocada. Según la carta del pastor, tenía que estar en Vancouver, British Columbia. Dado que no conocía nada sobre Canadá, pregunté inocentemente si había un autobús que pudiera tomar para llegar a Vancouver, porque tenía que estar allí en treinta minutos. Todos los agentes detrás del mostrador empezaron a reírse y dijeron: "¿Está loco? ¡Vancouver queda a 1500 millas al oeste de aquí!"

Afortunadamente, había un avión que estaba por salir para Vancouver en los próximos minutos. Aunque era un vuelo de tres horas, el cambio de dos horas entre Vancouver y Winnipeg trabajaría a mi favor y podría llegar a la iglesia justo a tiempo. Corrí a la puerta de salida lo más rápidamente posible y a medida que bajaba por la rampa, la agente en la puerta me dio un mapa de Canadá (aparentemente la historia de mi error ya se había corrido desde el mostrador de venta de boletos hasta la puerta de salida). "Mire, lea esto; ¡tal vez lo ayude la próxima vez que viaje a Canadá!" dijo ella con una carcajada.

Viajar involuntariamente al sitio equivocado puede ser embarazoso. Pero hay un momento en su vida en que más le vale no terminar en el lugar equivocado, y es el día de su muerte. Muchos se sorprenderán al ver las personas que están en el cielo. Habrá personas que pensamos que deberían estar allí que no lo están, y muchas personas que no pensamos que deben estar allí, que sí lo están. La peor sorpresa de todas será para aquellas personas que suponen que serán recibidos en la presencia de Dios, pero a quienes no se les dejará entrar en el cielo.

La Biblia dice claramente que solo aquellos que han confiado en Cristo para el perdón de sus pecados habitarán en el cielo nuevo y la tierra nueva. Cuando las personas argumentan en contra de la exclusividad de Cristo como Salvador al decir: "Nadie sino Dios puede decidir quiénes estarán en el cielo", no entienden una verdad crítica: Dios ya ha decidido el estándar según el cual las personas serán admitidas a su presencia. Cuando declaramos que la fe en Cristo ofrece el único camino al cielo, no estamos creando nuestro propio estándar, sino simplemente repitiendo el requisito que estableció Dios.

Cuando digo que seremos sorprendidos al ver quiénes están en el cielo, no quiero decir que nos asombrará ver allí a hindúes, budistas y musulmanes junto con los cristianos. Como explico en mi libro *Not All Roads Lead to Heaven* [No todos los caminos llevan al cielo], la creencia popular de que todas las religiones en el mundo nos llevan a Dios niega la enseñanza más básica de Jesús, quien declaró: "Yo soy el camino, y la verdad, y la vida; nadie viene al Padre, sino por mí" (Jn. 14:6). El Dios que nunca cambia no va a sorprendernos de pronto y decir al último momento: "Cambié de opinión acerca de aquel requisito de tener fe en Jesús. Todos están bienvenidos; ¡adelante, todos!"

Lo que estoy diciendo es que ya que Dios es el único que "discierne los pensamientos y las intenciones del corazón" (Heb. 4:12), Él es el único que sabe quiénes han depositado su fe en Cristo para el perdón de los pecados de manera sincera. Usted tal vez se sorprenda al ver quiénes están —o no están— en el cielo, pero espero que no le sorprenda su propio destino eterno. Si usted espera hasta pasar de esta vida a la otra para ver si Dios lo recibe en su presencia, habrá esperado demasiado.

Desafortunadamente, muchas personas con las cuales hablo se espantarán en el día del juicio al ver que no se les permite entrar en el cielo. Jesús describió esa realidad con palabras que me parecen algunas de las más perturbadoras en toda la Biblia:

> No todo el que me dice: Señor, Señor, entrará en el reino de los cielos, sino el que hace la voluntad de mi Padre que está en los cielos. Muchos me dirán en aquel día: Señor, Señor, ¿no profetizamos en tu nombre, y en tu nombre echamos fuera demonios, y en tu nombre hicimos muchos milagros? Y entonces les declararé: Nunca os conocí; apartaos de mí, hacedores de maldad. (Mt. 7:21-23)

Fíjese que no son solo unas cuantas personas las que serán decepcionadas al descubrir que estaban equivocadas en lo que concierne su relación con Dios. Jesús dijo que "muchos" de los que pensaban que serían bienvenidos en el cielo serán enviados más bien al infierno. ¿Por qué? Es sencillo: estaban en el camino equivocado, el cual llevaba al destino equivocado. Jesús dijo en versículos anteriores a Mateo 7 que había dos caminos muy diferentes que llevaban a dos destinos muy diferentes:

> Entrad por la puerta estrecha; porque ancha es la puerta, y espacioso el camino que lleva a la perdición, y muchos son los que entran por ella; porque estrecha es la puerta, y angosto el camino que lleva a la vida, y pocos son los que la hallan. (vv. 13-14)

¿Cómo puede asegurarse de no cometer ese mismo error trágico? Supongamos que usted vive en Oklahoma y quiere viajar hacia el norte a Winnipeg, Manitoba, en el Canadá (¡a propósito!). Usted entra a su auto y sube a la carretera y cree sinceramente que está en el camino correcto el cual lo llevará al destino al que desea llegar. Pero después de varias horas de viaje, empieza a notar unos letreros en la carretera que dicen: "Dallas, 100 millas; Houston, 300 millas". Después ve un cartel que dice: "Descanse bien en el Holiday Inn de Laredo, Texas".

Es de esperarse que estos letreros bastaran para convencerle de que está en la carretera equivocada y que va rumbo al destino equivocado. Aunque usted piense sinceramente estar viajando hacia el norte, en realidad está viajando hacia el sur.

Los letreros que indican cómo llegar al cielo

Nadie termina yendo al cielo ni al infierno de manera fortuita sin previo aviso. Más bien, hay "letreros" por todo el camino que nos sirven de alerta para saber si estamos o no en el camino correcto que lleva al destino correcto. Nuestro viaje al cielo (o al infierno) empieza en esta vida. Si verdaderamente nos encontramos en el camino que lleva al cielo, hay cuatro letreros que debemos reconocer en el camino.

Letrero #1: Tenemos un problema de pecado

Muchas personas se niegan a ir más allá de este punto. Prefieren dar la vuelta y encaminarse en la otra dirección en lugar de enfrentar la verdad perturbadora que expresa Romanos 3:10-12:

> Como está escrito:
> No hay justo, ni aun uno;
> No hay quien entienda,
> No hay quien busque a Dios.
> Todos se desviaron, a una se hicieron inútiles;
> No hay quien haga lo bueno, no hay ni siquiera uno.

Ser "justo" significa ser recto ante Dios. ¿Y cuántas personas pueden decir que naturalmente son rectos ante Dios? ¡Ninguno! Como dijo Pablo: "No hay ni siquiera uno". Todos somos pecadores. Por supuesto que siempre podemos señalar a aquellos que son peores que nosotros, por ejemplo, los asesinos y los pornógrafos infantiles. Tal vez no seamos tan malos como pudiéramos ser, pero aun así, nuestra situación sí es tan mala como podría ser. Todos hemos pecado, lo cual crea una brecha eterna entre Dios y nosotros.

El virus del pecado que heredamos de Adán infecta cada una de nuestras acciones, motivos y pensamientos. Cuando somos sinceros con nosotros mismos, sabemos que es verdad. ¿En algún momento ha estado usted tranquilo, pensando en sus cosas, tal vez hasta sentado en la iglesia, cuando de pronto le viene a la mente un pensamiento horrible? *¿De dónde vino eso?* se pregunta usted. Es un síntoma de la enfermedad que todos hemos contraído.

Sin embargo, aunque experimentamos los síntomas del pecado todos los días, algunas personas todavía quieren insistir que son inocentes y que la etiqueta de "pecador" no se aplica a ellas. Estas personas son como el niño que insiste en decirle a su madre que no se ha acercado para nada al tarro de galletas, pero que tiene migajas de galleta en la barbilla.

De igual manera, nosotros podemos insistir tan tenazmente como queramos que somos inocentes. El problema es que tenemos las "migajas de galleta" del pecado en todo nuestro ser, y estas señalan nuestra culpabilidad. Como declaró el apóstol Juan:

> Si decimos que no tenemos pecado, nos engañamos a nosotros mismos, y la verdad no está en nosotros [ya que] si decimos que no hemos pecado, le hacemos a él [Dios] mentiroso. (1 Jn. 1:8, 10)

Ya sea que lo reconozcamos o no, la verdad es que todos somos pecadores. Y el resultado del pecado es la muerte. "La paga del pecado es muerte", escribió Pablo en Romanos 6:23. Como vimos en el capítulo 7, la palabra griega que se traduce "muerte" es *thanatos*, que significa "separación". Así como la muerte física es la separación entre nuestro cuerpo y nuestro espíritu, la muerte espiritual es la separación entre nuestro espíritu y Dios. La muerte física es temporaria, pero la muerte espiritual es eterna. La muerte es el juicio justo de Dios sobre el pecado. Y esto nos lleva a nuestro próximo letrero.

Letrero #2: Dios no tiene ningún pecado

Ya que Dios es el Creador del cielo, Él tiene el derecho de establecer las reglas, así como yo solía decirles a mis hijas adolescentes: "Mientras estén en mi casa, tendrán que acatar mis reglas". Y la regla más importante del cielo es la santidad. Los estándares de Dios exigen la perfección absoluta. Dios nos manda no menos de seis veces que seamos santos: "Sed santos, porque yo soy santo" (1 P. 1:16).[100]

Pero no somos santos, y esto agrava el problema del pecado porque nos separa de Dios. Entonces, ¿cómo puede una persona infectada de pecado relacionarse con un Dios sin pecado? "Pues, Dios puede simplemente pasar por alto mi imperfección, ¿no es cierto? —preguntan muchos—. Después de todo, ¿no debería Dios tolerar nuestros pecados así como nosotros toleramos los pecados unos de otros?" Desafortunadamente (o afortunadamente), Dios no es como nosotros. La palabra *santo* quiere decir literalmente "separado". Dios está "separado" de la humanidad, en el sentido de ser "distinto" a la humanidad. Habacuc escribió:

> Muy limpio eres de ojos para ver el mal, ni puedes ver el agravio. (Hab. 1:13)

Juntar la realidad de este segundo letrero (la santidad de Dios) con la verdad del primer letrero (nuestra pecaminosidad), nos podría desalentar grande y rápidamente. Por ejemplo, imagínese que mientras viaja de Oklahoma a Winnipeg, ve un letrero que dice: "Winnipeg, 1300 millas". Es un viaje largo, pero con perseverancia puede llegar, hasta que nota que su indicador del nivel de gasolina indica que solo le queda un cuarto de tanque de gasolina. Usted se detiene en una gasolinera... pero luego descubre que no tiene dinero en efectivo ni tarjetas de crédito. Hay un gran déficit entre lo que usted tiene y lo que necesita para llegar a Winnipeg. Ya para este momento, usted considera seriamente la posibilidad de hacer un giro en "U" porque no hay ninguna respuesta a su dilema.

La Biblia dice que para llegar al cielo nuestro "tanque" espiritual tiene que estar perfectamente lleno de bondad. El único problema es que ninguno de nosotros tiene suficiente bondad como para llegar al cielo. Tal vez tengamos más que otros, pero aun si tuviéramos siete octavas de nuestro tanque de gasolina lleno, no sería suficiente como para llegar. Dios exige que nuestro tanque de gasolina espiritual esté lleno y rebosante para llegar a su presencia. Entonces, ¿cuál es la solución? Miremos el tercer letrero.

Letrero #3: Jesús es la única solución a nuestro problema de pecado

Piense otra vez en su viaje imaginario a Winnipeg. ¿Qué pasaría si, en algún sitio en medio de Kansas, se quedara sin gasolina? Sin embargo, de la nada, aparece un enorme camión cisterna lleno de gasolina, y se detiene en la carretera a su lado. El conductor le pregunta: "¿Cuál es el problema? ¿Se le pinchó una goma? ¿Tiene el radiador roto?" Usted le explica que no, simplemente se ha quedado sin gasolina. El conductor le sonríe, señala su camión, y le dice: "¡Caramba! ¡Hoy es su día de suerte! Tengo más gasolina en este camión de la que usted jamás podría necesitar para su carrito. ¿Me permite llenar su tanque?"

Cuando Jesucristo murió en la cruz por nuestros pecados, se llevaron a cabo dos transacciones increíbles. Primero, Jesús —el Hijo de Dios perfecto, quien jamás había pecado— voluntariamente aceptó el castigo de Dios que nosotros merecíamos por nuestros pecados. Ya que Dios es santo, Él no puede simplemente pasar por alto nuestros pecados, o decidir no castigarlos. Nahúm 1:3 declara: "Jehová... no tendrá por inocente al culpable". Alguien *tiene que pagar* por nuestro pecado, y Jesús se presentó como voluntario para hacer eso mismo.

Pero la segunda transacción hecha en la cruz fue aún más increíble. Dios nos acreditó la justicia, es decir, la perfección, de Jesús. Aunque nosotros no tenemos suficiente bondad para llegar al cielo por nosotros mismos, Jesús tiene más que suficiente y está dispuesto a darnos todo lo que necesitamos para compensar nuestro déficit. El apóstol Pablo describió estas dos transacciones —que a Cristo se le acreditó nuestro pecado y que a nosotros se nos acreditó la justicia de Cristo— de la siguiente manera:

> Al que no conoció pecado [Cristo], por nosotros [Dios] lo hizo pecado, para que nosotros fuésemos hechos justicia de Dios en él. (2 Co. 5:21)

Jesús es la única Persona que está capacitada para cargar con el castigo de nuestros pecados y ofrecernos la perfección absoluta, porque Él es completamente diferente a cualquier otra persona que jamás haya caminado sobre este planeta. Solo Él es el Hijo de Dios. El letrero que declara que Jesús es el sustituto por nuestros pecados es el que hace que muchas personas se detengan, tropiecen y empiecen a buscar otro camino al cielo.

En mis años de ministerio, he conocido a muchas personas sinceras y bienintencionadas que eran seguidores fieles de otras religiones, incluso budistas, hindúes, musulmanes, testigos de Jehová y mormones. Todos ellos creían que Jesús era un hombre bueno, santo y sabio, quien indicaba el camino a ya sea la iluminación o al cielo. Pero ninguno de ellos creía lo que Jesús dice de Sí mismo: que es Dios y que es la única manera de recibir la salvación e ir al cielo.[101] C. S. Lewis dice que negar estas verdades es insensato:

> Estoy tratando de impedir que alguien diga la tontería que la gente dice muchas veces acerca de Él: "Estoy dispuesto a aceptar a Jesús como un gran maestro de la moralidad, pero no acepto su afirmación de que es Dios". Eso es algo que no debemos decir. Un hombre que fuera solo un hombre y que dijera el tipo de cosas que dijo Jesús no sería un gran maestro de la moralidad. Sería o bien un demente —a la altura de un hombre que dijera ser un huevo escalfado— o bien el demonio del infierno. Usted tiene que escoger. O bien este hombre fue, y es, el Hijo de Dios, o bien es un demente o algo peor. Usted puede callarlo diciendo que es un tonto, escupirle y matarle diciendo que es un demonio; o bien puede caer a sus pies y decirle Señor y Dios. Pero decir que Él es un gran maestro humano es una tontería arrogante. Él no nos dejó esa posibilidad porque no quiso hacerlo.[102]

Debemos o bien aceptar la declaración de Jesús de que Él es el Hijo de Dios, o rechazarla. No hay ninguna otra alternativa que sea sincera intelectualmente, dada la declaración de Jesús de que Él es la única solución para cerrar la brecha entre nuestra pecaminosidad y la santidad de Dios: "Yo soy el camino, y la verdad, y la vida; *nadie viene al Padre, sino por mí*" (Jn. 14:6).[103]

Dios nos ofrece la entrada al cielo debido a las dos transacciones que se efectuaron en la cruz: el que Jesús haya recibido el castigo que merecemos y el que nosotros hayamos recibido la justicia que no merecemos. Pablo lo explica de la siguiente manera:

> Justificados, pues, por la fe, tenemos paz para con Dios por medio de nuestro Señor Jesucristo (Ro. 5:21)

Como lo define mi amigo Chuck Swindoll: "La justificación es el acto de misericordia de Dios mediante la cual Él declara que los pecadores que creen son justos, aun estando ellos en su estado pecaminoso".[104] La justificación no nos *hace* justos, como si ya no fuéramos capaces de pecar. Más bien, la justificación *nos declara* justos, como lo hace un juez que exonera a un criminal culpable. Ya que Jesús tomó nuestros pecados sobre Sí y pagó por ellos en la cruz, Dios nos perdona y proclama que somos perdonados.

Sin embargo, el perdón de Dios no es una exoneración global de la pena del pecado que se les da a todos. Más bien, la justificación —la declaración de "no culpable" de Dios— requiere de fe, así como dijo Pablo: "justificados, pues, por la fe". Esto nos lleva al letrero final en el camino al cielo.

Letrero #4: Debemos escoger aceptar el perdón que Cristo ofrece

Si usted ha llegado hasta este punto en el camino angosto que lleva al cielo, está más cerca que la gran mayoría de las personas que jamás han vivido. Cuando la mayoría de las personas se encuentran con el mensaje de que son culpables ante Dios y que merecen su castigo, hacen un giro en "U" y se dirigen en la dirección opuesta. Otros están dispuestos a reconocer sus errores, pero aun así no pueden aceptar la idea de que Jesucristo es la única solución para nuestra necesidad del perdón de Dios; y por eso, empiezan a buscar un camino diferente.

Sin embargo, lo asombroso es que hay algunos que sí están de acuerdo en que son pecadores que merecen ser castigados, en que Dios es santo y exige la perfección absoluta, y en que Jesús es la única solución a su necesidad del perdón de Dios. Pero simplemente se detienen ahí, sin tomar los pocos pasos más para abrazar la verdad de que debemos escoger aceptar el perdón de Dios.

Piense un momento en el conductor del camión cisterna quien ofrece llenar su tanque de gasolina vacío para que pueda llegar a su destino: usted tiene una necesidad (la gasolina) y él tiene la provisión para su necesidad (mucha gasolina). Estar de acuerdo intelectualmente con estas dos realidades no logra poner ni una gota de gasolina en su tanque vacío. Usted tiene que desenroscar la tapa de su tanque de gasolina vacío y recibir el regalo del combustible que tanto necesita.

De igual manera, debe haber un momento en que por fe reconocemos nuestra necesidad del perdón de Dios y aceptamos su oferta de permitir que Cristo pague por nuestros pecados y nos llene con su perfección. Dios no obliga a nadie a recibir el perdón que Él ofrece. Solo aquellos que escogen recibir el don de Dios podrán entrar al cielo.

> Mas a todos los que le recibieron, a los que creen en su nombre, les dio potestad de ser hechos hijos de Dios. (Juan 1:12)

Este tal vez sea un buen momento para detenerse y preguntarse si usted se encuentra en el camino al cielo. Tal vez esté preparado y dispuesto a abrir su corazón para recibir en su vida el perdón que Dios ofrece para que pueda estar seguro de que algún día, Dios lo recibirá en su presencia. De ser así, le invito a tomar un momento y hacer esta oración a Dios. No es una fórmula mágica, sino más bien una manera de abrir su corazón y recibir el perdón que Dios ofrece.

Amado Dios,

Gracias por amarme. Me doy cuenta de que te he fallado de muchas maneras, y estoy sinceramente arrepentido por el pecado en mi vida. Pero creo que tú me amaste tanto que enviaste a tu Hijo Jesús a morir en la cruz por mí. Creo que Jesús tomó el castigo que yo merecía por mis pecados. Entonces, ahora mismo pongo mi confianza en lo que Jesús hizo por mí —y no en mis propias buenas obras— para salvarme de mis pecados. Gracias por perdonarme y ayudarme a pasar el resto de mi vida sirviéndote. En el nombre de Jesús te lo pido, Amén.

Si esa oración expresa el deseo de su corazón, puede estar seguro de que está en el camino que lleva al cielo. Como escribió el apóstol Juan: "Estas cosas os he escrito a vosotros que creéis en el nombre del Hijo de Dios, para que sepáis que tenéis vida eterna" (1 Jn. 5:13).

Los habitantes del cielo

Jesús enseñó claramente que no hay sino dos posibles destinos eternos que nos esperan al morir: el cielo o el infierno. Él dijo: "E irán éstos [los injustos] al castigo eterno, y los justos a la vida eterna" (Mt. 25:46).

A aquellos que reciben el perdón de Dios por sus pecados al confiar en Jesucristo, se les asegura que tienen "vida eterna" porque ya son "justos", es decir, rectos ante Dios. A todos los demás se les garantiza el "castigo eterno" debido a que han rehusado recibir el misericordioso don de Dios.

¿Y qué de aquellos que nunca han tenido la oportunidad de recibir el perdón que Cristo ofrece? ¿Son condenados al infierno por rechazar una oferta que nunca oyeron o que fueron incapaces de abrazar? Aunque trato con este tema a fondo en mi libro *Not All Roads Lead to Heaven* [No todos los caminos llevan al cielo], podría ser útil estudiar brevemente las respuestas a estas preguntas al enfocar tres grupos de personas que parecen ser incapaces de confiar en Cristo para ser salvos.

Los "paganos" que nunca han oído

A los creyentes que creen que Cristo es el único que puede dar la salvación, se les suele preguntar acerca de los "paganos" en lugares remotos que no han oído acerca de Jesús. La gente les pregunta "¿Cómo puede Dios enviarlos al infierno por haber rechazado un evangelio que nunca oyeron?" Pero uno no tiene que viajar al África para encontrar a personas que nunca han oído acerca de Jesús. Muchas personas dentro de nuestras propias fronteras nunca han oído acerca de Cristo, especialmente debido a que nuestro país se vuelve cada vez más secular. Pero la pregunta sigue siendo: Si Dios es justo, ¿cómo puede condenar al infierno a las personas que no han tenido la oportunidad de confiar en Cristo para ser salvos?

Pablo contesta esta pregunta en los primeros capítulos de su carta a los romanos. El apóstol afirma que todos son culpables ante Dios: "Por cuanto todos pecaron, y están destituidos de la gloria de Dios" (Ro. 3:23). En Romanos 1-3, Pablo declara que entre aquellos que "están destituidos de la gloria de Dios" están los judíos fieles que observan la ley de Dios, los moralistas que siguen su propia ley, y los gentiles que nunca han oído acerca de la ley de Dios.

En la época de Pablo, los gentiles eran el equivalente de los "paganos" de hoy. Los gentiles eran personas no judías que no tenían la ventaja de leer el Antiguo Testamento u oír la predicación de los profetas, ya que no estaban relacionados en absoluto con el judaísmo.

Entonces, ¿cómo podría Dios condenarlos de manera justa si nunca habían tenido la oportunidad ni siquiera de saber acerca del único Dios verdadero? La respuesta es que Dios le ha provisto a cada persona sobre el planeta suficiente información como para conocer de Dios al simplemente mirar la creación:

> Porque las cosas invisibles de él, su eterno poder y deidad, se hacen claramente visibles desde la creación del mundo, siendo entendidas por medio de las cosas hechas, de modo que no tienen excusa. (Ro. 1:20)

Los teólogos usan el término "revelación natural" para describir la información acerca de Dios que está disponible para todos, a pesar de que jamás han leído una Biblia u oído un sermón. Por ejemplo, mientras hacía campaña en Egipto, el gran líder militar, Napoleón Bonaparte, caminaba por las cubiertas de uno de sus barcos que estaba anclado en el Mediterráneo. Una noche oyó por casualidad a algunos de sus oficiales mofarse de la existencia de Dios. El general se detuvo y les interrumpió. Señalando las estrellas, Bonaparte dijo: "Señores, ¡primero tendrían que deshacerse de estas!"

Todos pueden mirar el mundo a su alrededor y saber que tiene que existir Alguien mayor que ellos quien creó el universo en el que vivimos. Como exclamó David:

> Los cielos cuentan la gloria de Dios,
> Y el firmamento anuncia la obra de sus manos.
> Un día emite palabra a otro día,
> Y una noche a otra noche declara sabiduría.
> (Sal. 19:1-2)

¿Creer en la existencia de Dios es suficiente para asegurarles a las personas la entrada a este lugar llamado cielo? De ninguna manera. Como hemos visto repetidamente en este libro, el Nuevo Testamento declara que nadie puede ser salvo sin ejercitar fe en Jesucristo. Alguien se preguntará: "¿De qué sirve la "revelación natural" si no le da a las personas la información específica acerca de Jesucristo que necesitan para confiar en Él para el perdón de sus pecados?" El finado teólogo Charles Ryrie explicó que la revelación natural no es suficiente para salvar a una persona, pero si la persona la rechaza, sí es suficiente para condenarla.[105]

Si el no creyente que nunca ha oído acerca de Jesús rechaza la "revelación natural" que Dios ha provisto acerca de su persona por medio de la creación, Pablo dice que "no tiene excusa" (Ro. 1:20). Ese no creyente será condenado no solo por sus propios pecados, sino también porque rehusó aceptar la información acerca del único Dios verdadero que revela la naturaleza.

Sin embargo, si aquel no creyente abraza la verdad acerca de Dios que revela la creación, Dios se encargará de que reciba la información acerca de Jesucristo que necesita para ser salvo. Recuerde que Dios quiere salvar el mayor número posible de personas, no el menor número posible. El apóstol Pablo declara que Dios "quiere que todos los hombres sean salvos y vengan al conocimiento de la verdad" (1 Ti. 2:4).

Obviamente, no todas las personas serán salvas. La mayoría de la humanidad rechazará el perdón que Dios ofrece. Pero el anhelo más profundo de nuestro Padre celestial es que todos respondan a su misericordiosa invitación a la salvación. Sin embargo, para ser salvas, es necesario que las personas "vengan al conocimiento de la verdad", y Pablo define esa verdad en los dos versículos siguientes de 1 Timoteo 2: "Porque hay un solo Dios, y un solo mediador entre Dios y los hombres, Jesucristo hombre, el cual se dio a sí mismo en rescate por todos, de lo cual se dio testimonio a su debido tiempo" (vv. 5-6).

Si Dios desea que todos sean salvos y si la única manera de ser salvo es aceptar la verdad de que Jesucristo murió por nuestros pecados, ¿no tiene sentido que Dios se asegurará de que cualquier persona que desea conocer a Dios reciba esa información acerca de Cristo?

La respuesta de una persona a la revelación natural acerca de Dios por medio de la creación es una medida fidedigna de si esa persona verdaderamente desea conocer a Dios. Si el pagano en África —o el pagano que vive al lado de usted— rechaza ese conocimiento del Dios verdadero, ¿por qué respondería de manera positiva si tuviera más información acerca de Jesucristo y la oferta de Dios de la salvación? Sin embargo, si esa persona abraza la poca información acerca de Dios que recibe a través de la creación, podemos estar seguros que Dios le proveerá el "conocimiento de la verdad" que necesita para ser salva.

El Nuevo Testamento está lleno de ejemplos de aquellos que recibieron una revelación adicional —la revelación especial acerca de Jesucristo que se necesita para ser salvo— basado en su fe en la revelación que ya habían recibido. Por ejemplo, el centurión romano Cornelio era "piadoso y temeroso de Dios" (Hch. 10:2). Cornelio no sabía nada acerca de Jesús, pero deseaba conocer a Dios de manera sincera. Entonces, ¿qué hizo Dios? Hizo milagrosamente que el apóstol Pedro fuera a la casa de Cornelio para comunicarle el evangelio de Cristo. Como resultado, Cornelio y toda su casa fueron salvos y fueron bautizados (vv. 44-48).

Lo mismo ocurrió con un oficial del gobierno etíope que había viajado a Jerusalén para adorar al Dios de Israel. Mientras regresaba a su tierra natal, el etíope tuvo un encuentro con Felipe, cuando un ángel lo envió a la carroza del etíope. El etíope estaba leyendo en el libro de Isaías acerca del Mesías que había de venir, pero no comprendía lo que estaba leyendo. Entonces, "Felipe, abriendo su boca, y comenzando desde esta escritura, le anunció el evangelio de Jesús" (8:35). Y el etíope respondió, diciendo: "Creo que Jesucristo es el Hijo de Dios" (v. 37) y fue bautizado.

No puedo decirle cuántas veces he recibido un correo electrónico o una carta de alguien que me dice: "Estaba cambiando los canales de televisión y *por casualidad* oí su programa. Oí acerca de Jesús y confié en Él para recibir mi salvación". Cuanto más vivo, menos creo en las coincidencias. Cuando Dios ve a un hombre, una mujer, un niño o una niña que verdaderamente desea conocerle, Él se asegurará de que esa persona reciba la información acerca de Jesús que necesita para ser salva.

Cuando la gente le pregunte acerca de aquellos que jamás han oído acerca de Jesucristo, recuerde esta verdad sencilla: nadie será condenado al infierno por rechazar un evangelio que nunca oyó. Más bien, los que están en el infierno estarán ahí por haber rechazado la información que Dios ya ha provisto acerca de Sí mismo.

Los santos del Antiguo Testamento que vivieron antes de Cristo

¿Cómo podemos estar seguros de que Adán, Eva, Noé, Sara, Abraham, Moisés, David, Salomón, Rahab o cualquiera de las otras personas que llamamos "santos del Antiguo Testamento" están verdaderamente en el cielo? Después de todo, estas personas vivieron antes del sacrificio de Cristo en la cruz, y la Palabra de Dios es clara: "Y en ningún otro hay salvación; porque no hay otro nombre bajo el cielo, dado a los hombres, en que podamos ser salvos" (Hch. 4:12). Entonces, ¿cómo puede salvar Cristo a estas personas que vivieron en una época anterior a la de Él y que nunca confiaron en Él?

No hay suficiente espacio aquí para examinar la vida de cada uno, pero miremos un representante de todos los que vivieron en la época del Antiguo Testamento: Abraham. El judío promedio veía a Abraham de la misma manera en que el estadounidense promedio ve a George Washington: él era el "padre de la nación", ¡tanto figurativamente como literalmente! En Génesis 12, Dios prometió hacer de Abraham el padre de la gran nación de Israel. Abraham creyó la promesa de Dios, desarraigó a su familia y se dirigió a la tierra prometida.

La vida de Abraham se caracterizó por su obediencia a Dios: dejó la seguridad de su tierra natal para dirigirse a la tierra prometida, permitió que su sobrino Lot se aprovechara de él en una transacción de bienes raíces, y ofreció a Isaac, su hijo amado, a Dios. Si alguien fuera un buen candidato para ser salvo por sus obras, sería Abraham.

Sin embargo, el apóstol Pablo declaró que era la fe de Abraham, y no sus obras, que le permitieron ser recto ante Dios:

> Porque si Abraham fue justificado por las obras, tiene de qué gloriarse, pero no para con Dios. Porque ¿qué dice la Escritura? Creyó Abraham a Dios, y le fue contado por justicia. (Ro. 4:2-3)

Aquí Pablo cita un incidente en la vida de Abraham que se registra en Génesis 15, el cual es esencial para entender la explicación del apóstol en cuanto a la fuente de la salvación de Abraham. Abraham acababa de rescatar a su sobrino Lot de los poderosos reyes orientales. Pensando que estos reyes podrían tomar represalias, Abraham temía que su nombre de familia fuera erradicado. Pero entonces el Señor le habló a Abraham, diciendo:

> No temas, Abram; yo soy tu escudo, y tu galardón será sobremanera grande. (Gn. 15:1)

Le parecía a Abraham que la promesa de Génesis 12 —llegar a ser el padre de una gran nación— estaba por desvanecerse. Por lo tanto, Abraham le preguntó al Señor cómo Él pensaba guardar su promesa: "Y respondió Abram: Señor Jehová, ¿qué me darás, siendo así que ando sin hijo?" (v. 2).

Pero el Señor no pensaba retirar la promesa incondicional que le había hecho a Abraham, así que llevó a Abraham afuera y le dijo que mirara hacia arriba y "contara las estrellas" (v. 5). Luego Dios le repitió su promesa: "Así será tu descendencia" (v. 5).

¿Cuál fue la respuesta de Abraham? La Biblia registra que Abraham "creyó a Jehová, y *le fue contado* por justicia" (v. 6). Este es el versículo que Pablo citó dos mil años después en Romanos 4:3 para comprobar que la salvación de Abraham era por fe y no por obras.

La palabra en hebreo que se traduce "contado" (*chashab*) es un término de la contabilidad que significa "acreditado". Para entender esta transacción de fe, imagínese que usted entra en una tienda para comprar un sofá nuevo para su sala de estar. El sofá cuesta $1000 y usted paga con su tarjeta de crédito. Es increíble que al simplemente permitir que el dependiente pase ese pedazo de plástico, se le permita a usted salir de esa tienda con un mueble caro. ¿Por qué permitiría el dependiente que usted comience inmediatamente a disfrutar de tener un sofá nuevo a cambio de un pedazo de plástico sin ningún valor? Aunque la tarjeta en sí no tiene ningún valor intrínseco, representa un pagaré: una promesa de que usted pagará la cuenta. Más adelante, cuando llegue la cuenta por correo, usted tendrá que pagarla.

De igual manera, cuando Abraham y otras personas en el Antiguo Testamento ejercitaron su fe en Dios, su fe representaba un futuro "pagaré". A Abraham y a los otros creyentes del Antiguo Testamento se les "acreditó" inmediatamente la salvación. Y cuando había que pagar la cuenta, la única Persona capaz de satisfacer la deuda de pecado de ellos la pagó. Cuando Jesús clamó en la cruz: "Consumado es" (Jn. 19:30), la palabra que usó fue *tetelestai*, un término de contabilidad en griego que significa "saldado".

Independientemente de cuándo una persona haya vivido en la historia, no hay sino una manera en que puede ser salvo de la muerte eterna: por medio del pago que hizo Jesucristo en la cruz para satisfacer nuestra deuda de pecado. Los que vivieron antes de la época de Cristo fueron salvos "a crédito", su rectitud fue "acreditada" inmediatamente a su cuenta hasta que Cristo pudiera pagar su deuda en la cruz.

Los niños y los de mente infantil que no son capaces de creer

Como pastor, uno de mis deberes más dolorosos es ministrar a una familia que ha perdido a un hijo, especialmente si el hijo era un recién nacido o un bebé. Una sola pregunta llena la mente de cada familiar: "¿Está en el cielo mi pequeño?" Los padres y los abuelos que han perdido a un hijo adolescente o adulto que era discapacitado mentalmente hasta el punto de tener una mente infantil, también se preguntan lo mismo: "¿Está mi hijo (o mi nieto) en el cielo?"

Me encantaría poder señalar un pasaje de la Escritura que nos diera un "sí" contundente, pero no puedo hacerlo. Sin embargo, sí tenemos la afirmación confiada de uno de los más preciados siervos de Dios, unas observaciones interesantes tomadas de las enseñanzas de Jesús, y el razonamiento teológico, los cuales nos aseguran que los niños y los de mente infantil van al cielo cuando mueren.

Así como Abraham sirve de ejemplo de la fe de todos los santos del Antiguo Testamento, David sirve de ejemplo para todos los padres que han perdido a un hijo antes de que este pudiera expresar su fe. La historia trágica de David empezó una noche cuando David se paseaba por la azotea del palacio. El poderoso rey de Israel observó bañarse a la luz de la luna a una hermosa mujer llamada Betsabé. David la mandó a llamar, y el resto, como dicen, es historia.

Cuando Betsabé descubrió que estaba embarazada, David intentó ocultar el hecho de que él era el padre. Mandó a llamar a Urías, el esposo de Betsabé, del frente de batalla donde se encontraba, y trató de convencerlo para que pasara la noche en su propia cama con su esposa. Así, seguramente todos supondrían que Urías era el padre del bebé. Cuando Urías se negó a concederse este placer por respeto a sus compañeros que todavía se encontraban en el frente de batalla luchando por su nación, David se encargó de hacer asesinar a Urías, haciendo que su muerte pareciera resultado de la batalla.

Más adelante, el profeta Natán confrontó a David con los dos pecados que había cometido: el adulterio y el asesinato. En vez de seguir encubriendo sus pecados, David confesó sus transgresiones y recibió el perdón de Dios. Sin embargo, el perdón de Dios no borró las consecuencias temporarias —y muy dolorosas— de las acciones de David: un reino dividido, un hijo desleal y la muerte del hijo de Betsabé.

Inmediatamente después de nacer, el hijo de David y Betsabé se enfermó y estuvo a punto de morir por siete días. Durante esa semana, David ni comió ni durmió, sino que se dedicó a ayunar y orar, pidiendo que Dios sanara a su hijo. Después que el niño murió, David se recuperó rápidamente de su profunda pena y empezó a comer.

Sus siervos estaban perplejos. Según la tradición, había que ayunar y llorar después de la muerte de la persona, no antes. Ahora que el niño había muerto, ¿cómo podía seguir adelante el rey como si nada hubiera pasado? La respuesta de David fue sencilla y directa, y llena de fe. Al saber que Dios no le devolvería la vida a su hijo, David dijo: "Yo voy a él, mas él no volverá a mí" (2 S. 12:23).

Mientras el niño estaba vivo, David creía que sus peticiones podrían mover el corazón del Señor para que sanara a su hijo. Pero una vez que el niño murió, David sabía que por mucho que él ayunara y orara, su hijo no regresaría a él. David pudo levantarse y fijar su mirada en el futuro porque estaba convencido de que su hijo estaba con Dios en el Paraíso. Si David hubiera pensado que su hijo estaba en el infierno o simplemente en la tumba, no hubiera podido declarar de manera sincera que volvería a verlo. Más bien, el rey tendría razones sobradas para seguir llorando a su hijo con aun más intensidad. El cambio drástico en la conducta de David estaba basado en su creencia de que su hijo había ido al cielo.

Por supuesto que la afirmación de David no es una prueba contundente de que los niños y los que tienen una mente infantil van al cielo al morir. Pero si juntamos esta declaración de David con algunas de las enseñanzas de Jesús acerca de los niños, creo que podemos presentar argumentos sólidos a favor de que los niños que mueren antes de ser capaces de tener fe en Cristo son recibidos en el cielo.

Por ejemplo, en Mateo 18:1-4, Jesús usa a un niño para ilustrar la cualidad espiritual de la humildad que se necesita para recibir el don de Dios del perdón:

> En aquel tiempo los discípulos vinieron a Jesús, diciendo: ¿Quién es el mayor en el reino de los cielos? Y llamando Jesús a un niño, lo puso en medio de ellos, y dijo: De cierto os digo, que si no os volvéis y os hacéis como niños, no entraréis en el reino de los cielos. Así que, cualquiera que se humille como este niño, ése es el mayor en el reino de los cielos.

Jesús hubiera podido escoger a cualquier niño para ilustrar la lección espiritual de la humildad, pero si Él hubiera escogido a un niño destinado a ir al infierno, la analogía no hubiera tenido sentido. El niño que Jesús escogió representaba a todos los niños, así como Abraham representaba a los santos del Antiguo Testamento y el hijo de David representaba a los niños difuntos. Mediante sus acciones y sus palabras, Jesús indicó que todos los niños (y aquellos que son como niños mentalmente) son destinados a ir al cielo.

Más allá de la creencia de David y las enseñanzas de Jesús, consideremos el testimonio de la Escritura. No dice en ningún lugar de la Biblia que los niños son condenados al infierno. En todas las descripciones bíblicas del infierno, nunca se menciona que residan allí bebés y niños pequeños. Tampoco dice la Escritura que los bebés y los niños estarán de pie en el juicio ante el gran trono blanco en Apocalipsis 20, que es el paso previo a ir al castigo eterno en el lago de fuego. Estoy convencido de que esta es otra prueba de que los niños van al cielo al morir.

Finalmente, debemos reconocer que la Biblia distingue entre el pecado heredado y el pecado de incredulidad. Como hemos visto, la humanidad —incluso los niños— han heredado la culpabilidad y la corrupción de Adán. El hecho de que todos mueran —incluso los niños y los bebés— es una prueba de que todos han contraído la enfermedad del pecado. No obstante, Dios distingue entre el pecado heredado y el pecado deliberado. Él declaró que las personas son responsables de su propio pecado, no los pecados de otros:

> El alma que pecare, esa morirá; el hijo no llevará el pecado del padre, ni el padre llevará el pecado del hijo; la justicia del justo será sobre él, y la impiedad del impío será sobre él. (Ez. 18:20)

Encontramos una maravillosa ilustración de la diferencia entre la culpabilidad de los adultos y la de los niños en Deuteronomio 1. Debido a que no creyeron en el poder de Dios para darles la tierra prometida, Dios pronunció una sentencia de muerte sobre los israelitas. Vagarían en el desierto hasta que la generación incrédula hubiera muerto. Sin embargo, el Señor eximió a un grupo de israelitas de su condenación. Él dijo:

> Y vuestros niños, de los cuales dijisteis que servirían de botín, y vuestros hijos que no saben hoy lo bueno ni lo malo, ellos entrarán allá, y a ellos la daré, y ellos la heredarán. (Dt. 1:39)

Dios no responsabilizó a los niños del pecado de incredulidad porque "no sabían lo bueno ni lo malo". En la Biblia, el pecado de incredulidad no implica una simple falta de creer en Dios; más bien, implica una decisión consciente de no creer lo que Dios ha dicho. La incredulidad es el rechazo intencional de la revelación de Dios, una decisión que los niños y los de mente infantil no son capaces de tomar.

Como dije anteriormente, ninguno de estos argumentos basta en sí para decir definitivamente que los niños y los de mente infantil van automáticamente al cielo. Sin embargo, cuando consideramos todas las pruebas que provee la Escritura, creo que podemos decir que nuestro Dios amoroso recibe a los niños en el cielo. Como afirmó Abraham: "El Juez de toda la tierra, ¿no ha de hacer lo que es justo?" (Gn. 18:25). Podemos estar seguros de que Dios tratará de manera justa y misericordiosa con aquellos que son incapaces de tener fe en Cristo.[106]

¿Quiénes estarán en el cielo? Es significativo que, fuera de los que vivieron antes de la época de Cristo y los niños (y los que tienen una mente infantil) —quienes son incapaces de poner su confianza en Cristo— no hay ningún ejemplo en el Nuevo Testamento de que alguien haya sido recibido en la presencia de Dios aparte de una fe personal en el Señor Jesucristo. Tratar de reducir la población del infierno al hacer caso omiso de este requisito es algo que ninguno de nosotros tenemos la autoridad para hacer, especialmente si tomamos en serio la afirmación de Jesús de que "nadie viene al Padre, sino por [Él]" (Jn. 14:6).

10

¿CÓMO PUEDO PREPARARME PARA MI VIAJE AL CIELO?

> Mirad, pues, con diligencia cómo andéis, no como necios sino como sabios, aprovechando bien el tiempo, porque los días son malos.
>
> Efesios 5:15-16

Cuando empecé a escribir esta carta hace muchos meses, me estaba preparando para hacer un viaje internacional a Londres. Les mencioné anteriormente la lista de cosas que tenía que hacer para prepararme para hacer un viaje a un país lejano y desconocido, y comparé ese viaje al viaje que hará todo creyente algún día a ese "lugar llamado cielo".

Al final, mi viaje resultó ser tranquilo con excepción de un error: se me olvidó poner medias adicionales en mi maleta. El tercer día del viaje, decidí comprar varios pares de medias en una tienda de departamentos cercana. ¡Sabía que ya me tocaba hacerlo cuando noté que mis medias originales quedaban paradas, en vez de tendidas, al pie de mi cama! Mi omisión fue inconveniente (y tal vez incómodo para mis familiares que tuvieron que soportar la dulce fragancia de mis medias los primeros días), pero mi falta de preparación no causó ningún daño duradero.

Sin embargo, no prepararnos adecuadamente para nuestra partida inevitable de esta vida a la otra puede tener consecuencias devastadoras e interminables. Es por eso que quiero proveerle una lista de seis pasos prácticos que usted puede dar ahora mismo para prepararse para su viaje al cielo.

1. Asegúrese de tener un pasaporte válido

Hacer preparativos para su viaje al cielo comienza con asegurarse de tener el pasaporte debido que le permitirá entrar en la presencia de Dios. Aprendí acerca de la importancia de los pasaportes hace años. Cuando era ministro de jóvenes en la iglesia donde ahora soy pastor, llevamos a nuestro coro estudiantil a la Unión Soviética. Era durante la guerra fría y el ambiente era tan represivo que no veíamos la hora de salir de ahí. Nuestro vuelo salía a la medianoche. Yo observé mientras nuestros estudiantes pasaban uno por uno por el control de pasaportes. El rostro de cada uno adquiría una expresión de alivio visible al pasar de un ambiente de cautiverio a la libertad. Como el líder, esperé a que todos estuvieran del otro lado antes de pasar yo. Cuando puse la mano en el bolsillo de mi abrigo para sacar mi pasaporte, ¡no estaba!

Sentí pánico mientras buscaba frenéticamente el documento extraviado por todas partes sin encontrarlo. Le expliqué mi apuro al agente soviético que me acompañaba y le dije que tenía que pasar porque era el líder del grupo. Pues, ¡a él no le importó en absoluto! Me dijo: “Sin pasaporte, no sale nadie”.

Mi esposa de exactamente un año estaba de pie del otro lado, llorando ¡porque se imaginaba a su nuevo esposo preso en el gulag ruso por los próximos veinte años!

Después de verme sudar por unos minutos, un "amigo" mío apareció con mi pasaporte en la mano, el cual había tomado como broma. Le aseguro que después de cuarenta años, a mi esposa todavía no le parece gracioso. Nunca olvidaré el alivio que sentí al acomodarme en mi asiento en el avión mientras volábamos hacia la libertad.

El pánico absoluto que sentí esa noche hace más de tres décadas es insignificante en comparación con el terror que invadirá el corazón de aquellas personas a quienes se les negará la entrada al cielo porque no tenían el "pasaporte" debido. Estando a la entrada del cielo esperando ser recibidos en la presencia de Dios, oirán más bien estas palabras: "Nunca os conocí; apartaos de mí, hacedores de maldad" (Mt. 7:23).

Las personas a quienes se les negará la entrada al cielo no serán solamente ateos y adoradores del diablo. Entre ellas también habrá personas religiosas que se consideran creyentes porque hicieron muchas buenas obras en el nombre de Jesús. De hecho, usarán sus acciones justas como una razón por la cual se les debería permitir entrar a la presencia de Dios:

> Muchos me dirán en aquel día: Señor, Señor, ¿no profetizamos en tu nombre, y en tu nombre echamos fuera demonios, y en tu nombre hicimos muchos milagros? (v. 22)

Pero Dios no hará caso de sus súplicas así como el guarda soviético no hizo caso de las mías. Sin pasaporte, no entrará nadie al cielo.

El único "documento" que nos permite entrar en la presencia de Dios por la eternidad es uno en que aparece un sello con la palabra "perdonado", el cual se nos da en el momento en que confiamos en Jesucristo para nuestra salvación. El término teológico para "perdonado" es *justificado*, lo cual quiere decir "ser declarado justo". Nuestra justificación ante Dios no se basa en nuestras obras, sino en su gracia, y se recibe por fe:

> Justificados, pues, por la fe, tenemos paz para con Dios por medio de nuestro Señor Jesucristo. (Ro. 5:1)

Como vimos en el capítulo 9, la fe en Cristo no es solo un camino al cielo, sino el único camino al cielo.

Me doy cuenta de que afirmar que Cristo es el único y exclusivo camino al cielo no es cómodo en un mundo donde impera la inclusión. Muchos, como el billonario Warren Buffett, creen que pueden comprarse la entrada al cielo. En el 2006, Buffett —el segundo hombre más rico del mundo— anunció que iba a donar 85 % de su fortuna de $44 billones a cinco fundaciones caritativas. "Hay más de una manera de llegar al cielo —declaró Buffet—, pero esta es una muy buena manera de hacerlo".[107] Felicito a Buffett por su generosidad, pero si persiste en creer que puede ganarse la salvación por medio de donar dinero, algún día se llevará una sorpresa muy desagradable.

¿Qué tan seguro está usted de que en el momento de su muerte Dios lo recibirá en su presencia? Hace años, Northwest Airlines, una aerolínea que ya no existe, sacó un ardid publicitario llamado el "boleto misterio". Por $59 uno podía comprar un boleto de ida y vuelta para hacer un paseo de un día en cualquier ciudad de los Estados Unidos. Había un solo problema: uno no sabía a qué ciudad iba hasta no llegar al aeropuerto el día del vuelo. El ardid funcionó… por un tiempo. Miles de clientes llegaron dispuestos a invertir unos cuantos dólares y unos cuantos días para posiblemente tener la oportunidad de ir a un lugar interesante como la ciudad de Nueva York, Chicago o Las Vegas.

Pero no todos los clientes estaban contentos al averiguar cuál era su destino. Un hombre, que tenía la esperanza de ir a New Orleans, terminó con un boleto a una ciudad poco conocida. Caminó por el terminal del aeropuerto intentando hacer un trato con otras personas que habían comprado el "boleto misterio" para intercambiar su boleto con el de uno de ellos.

Los "boletos misterio" pudieran ser una oportunidad divertida de vivir una aventura por un día, pero hay un día de su vida en que no le recomiendo que tenga un "boleto misterio": el día de su muerte. Enfrentar la eternidad sin saber si uno se dirige al cielo o al infierno es un riesgo que no tomaría ninguna persona cuerda. Si usted espera hasta el momento de morir para descubrir cuál es su destino eterno, habrá esperado un segundo demasiado. Dios no quiere que su destino eterno le sea un misterio. Es por eso que el apóstol Juan escribió:

> Y este es el testimonio: que Dios nos ha dado vida eterna; y esta vida está en su Hijo. El que tiene al Hijo, tiene la vida; el que no tiene al Hijo de Dios no tiene la vida. Estas cosas os he escrito a vosotros *que creéis en el nombre del Hijo de Dios, para que sepáis que tenéis vida eterna.* (1 Jn. 5:11-13)

Si usted no "sabe que tiene vida eterna", ¿por qué no hace una pausa ahora mismo y confiesa a Dios su necesidad de perdón y su dependencia en la muerte de Cristo en la cruz para usted para salvarlo de las consecuencias eternas de su pecado? Cuando haga eso, estará seguro de haber hecho el preparativo más básico para su viaje al cielo.

Ahora bien, aunque esa decisión es fundamental, no es la única cosa que debe hacer para prepararse para su viaje.

2. Viva con su destino en mente

Tratar de vivir en dos lugares a la vez puede ser difícil, pero es lo que cada creyente ha sido llamado a hacer, temporariamente. Ya que no sabemos cuándo seremos llamados repentinamente a ir a ese "lugar llamado cielo", tenemos que aprender a cumplir con nuestras responsabilidades en este mundo mientras nos preparamos para el otro mundo. Aunque todavía somos residentes de esta tierra, nuestra "verdadera patria" es el cielo, como Pablo les recordó a los filipenses: "Mas nuestra ciudadanía está en los cielos, de donde también esperamos al Salvador, al Señor Jesucristo" (Flp. 3:20). Aun así, Dios nos ha encargado a cada uno de nosotros ciertas responsabilidades en este mundo, entre las cuales están nuestro trabajo, nuestra familia, y sobre todo, nuestro ministerio para Él como "embajadores en nombre de Cristo" (2 Co. 5:20).

Dios nos ha llamado a cada uno de nosotros a vivir enfocados tanto en el "aquí" como en el "allá". Mientras vivimos y trabajamos aquí en la tierra, también debemos estar preparándonos de manera activa para nuestra vida "allá" en el cielo. Por supuesto que es desafiante vivir en un sitio mientras nos preparamos para vivir en otro sitio, pero también puede ser motivante.

Recuerdo cuando Amy y yo fuimos llamados al pastorado de mi primera iglesia en Eastland, Texas, hace más de treinta años. Estaba sirviendo como el pastor de jóvenes (en la iglesia que pastoreo ahora), pero había soñado el momento en que pudiera pastorear mi propia iglesia. Nunca olvidaré el fin de semana en junio de 1985 cuando Amy y yo viajamos a esa pequeña congregación en el oeste de Texas para predicar con la posibilidad de ser llamados a pastorear. Después de mi sermón de prueba, nos llevaron a un pequeño salón y nos ofrecieron pastel mientras la congregación deliberaba, discutía y votaba. Nunca olvidaré la euforia que sentí cuando descubrimos que habían votado para llamarme como pastor. Apenas pudimos dormir esa noche en nuestra habitación de motel mientras contemplábamos la aventura que nos esperaba.

Sin embargo, a la mañana siguiente tuvimos que enfrentar la realidad. Teníamos que regresar en auto a Dallas y pasar el próximo mes concluyendo nuestro ministerio ahí. Durante ese mes, traté de concentrarme en hacer mi trabajo en Dallas lo mejor que podía, pero mi corazón ya estaba en mi nueva iglesia a unas noventa millas de distancia. La mayoría de mi tiempo durante ese mes estaba dedicado a mis responsabilidades en Dallas, pero también dediqué parte de mi energía a prepararme para mi nuevo ministerio en el lugar nuevo. Pero noté algo raro. Durante ese mes final en Dallas, estuve más motivado a trabajar duro de lo que había estado durante los últimos siete años, ¡principalmente porque sabía que mi tiempo estaba limitado y quería dejar las cosas en buen estado! El enfocarme en el "allá" (mi nuevo hogar en Eastland) influyó grandemente en mi vida "aquí' (en Dallas).

De igual manera, como creyentes tenemos tareas que Dios nos ha asignado durante nuestra breve estadía en la tierra, aunque pronto partiremos a nuestro hogar eterno. Sin embargo, mientras residimos temporariamente en este mundo, debemos guardarnos de no enredarnos en él. Más bien, debemos vivir como "extranjeros y peregrinos sobre la tierra" (Heb. 11:13) a medida que "ponemos la mira en las cosas de arriba, no en las de la tierra" (Col. 3:2).

El gran predicador puritano Jonathan Edwards vivió su vida con una perspectiva eterna y no meramente temporal. Desde su niñez, a Edwards le enseñaron a "pensar acerca de su propia muerte, es decir, vivir como si en una hora moriría o bien 'oiría la trompeta final'.[108] El cielo era tan real para Edwards que escribió:

> Ir al cielo para disfrutar plenamente de Dios es mejor que el mejor alojamiento aquí... Por lo tanto, nos conviene pasar esta vida como si fuera meramente un viaje al cielo... al que debemos todos subordinar todos los demás asuntos de la vida. ¿Por qué habríamos de trabajar para lograr o fijar nuestro corazón en algo que no sea nuestro verdadero final y la verdadera felicidad?[109]

Ya que Edwards escogió vivir con la eternidad en mente, teniendo diecinueve años expuso setenta resoluciones que habían de guiar su vida mientras se preparaba para el cielo. He aquí algunas de ellas:

- "Resuelvo intentar conseguir toda la felicidad en el otro mundo que pueda".
- "Resuelvo que viviré de la manera que desearía haber vivido en el momento de mi muerte".
- "Resuelvo intentar actuar como creo que lo haría si ya hubiera visto la felicidad del cielo y los tormentos del infierno.
- "Resuelvo no hacer nada que temería hacer si fuera la última hora de mi vida".[110]

Como mencionamos en el capítulo 1, cuanto más en serio tomamos el cielo, más en serio tomaremos la tierra. La vida es corta; uno no sabe cuándo será su último día. Ser un creyente que "pone la mira en las cosas de arriba" significa vivir cada día como si fuera su último día antes que Dios lo manda a llamar, ¡porque un día lo será!

3. Rehúse permitir que la muerte lo llene de temor

A medida que se aproximaba el día de mi viaje a Londres hace unos cuantos meses, sentí varias emociones: expectativa al pensar que visitaría una ciudad sobre la cual he leído, emoción por el hecho de poder pasar tiempo de calidad con mi familia, y urgencia para completar mi lista de tareas que hacer antes de irme. Pero una emoción que nunca llegué a sentir fue el temor. ¿Por qué debería tenerle temor a un viaje para el cual me había preparado y en el cual había pensado por meses?

El mismo principio se aplica a nuestro viaje al cielo. Por supuesto que algunas personas —aun algunos creyentes— le temen a la muerte. Winston Churchill, quien se enfrentó muchas veces a la muerte durante su ilustre carrera, temía el abrazo frío de la muerte. Él solía decir en tono de broma: "Todo hombre que dice no temerle a la muerte es un mentiroso!"[111] Una razón por la cual los creyentes le temen a la muerte es porque no saben lo que los espera del otro lado de la muerte (la cual es una de las razones principales por las que escribí este libro). Pero hay dos razones por las cuales los creyentes no tienen que temerle a la muerte.

Primero, si usted es creyente, puede estar seguro de que no partirá de esta tierra un segundo antes del momento designado por Dios. Eso definitivamente era la convicción de Pablo. Al predicar a los judíos en la sinagoga de Antioquía, el apóstol habló de la historia del trato de Dios con Israel para comprobar que el Jesús resucitado era el Mesías. Cuando llegó a la historia del rey David, dijo: "Porque a la verdad David, *habiendo servido* a su propia generación según la voluntad de Dios, durmió, y fue reunido con sus padres, y vio corrupción" (Hch. 13:36). David no murió hasta que había hecho la voluntad de Dios en su propia generación. Es lo mismo con nosotros.

"Pero, ¿qué de aquellos que mueren prematuramente, como por ejemplo, un adolescente en un accidente de auto o una joven madre que deja atrás a sus hijos pequeños?" preguntará usted. Desde la perspectiva de Dios, nadie muere "prematuramente". El salmista declaró: "En tu mano están mis tiempos" (Sal. 31:15). Dios determina cuántos días y cuántos años viviremos.

Pedro dijo que la muerte de Jesús ocurrió según "el determinado consejo y anticipado conocimiento de Dios" (Hch. 2:33). Así como el día de la muerte de Jesús fue determinado por Dios, así será el de usted. En Efesios 1:11, Pablo escribió que todas las cosas en nuestra vida —incluso la muerte— han sido "predestinados conforme al propósito del que hace todas las cosas según el designio de su voluntad". No hay muerte que tome a Dios por sorpresa. Él tiene todo bajo control. Los que mueren en fe —ya sea que tengan nueve o noventa años— viven exactamente el número de años que Dios les ha prescrito. Como notó una persona: "Cada individuo es inmortal hasta que su trabajo en la tierra se haya completado".

Pero hay una razón aún más fundamental por la que los creyentes no tienen por qué temerle a la muerte: la muerte es una transición necesaria de este mundo al otro mundo. Volvamos a nuestra analogía del "pasaporte". Una vez que el agente de inmigración ha sellado su pasaporte, ¿"teme" usted pasar por esa pequeña puerta que le permite entrar a un nuevo país? Por supuesto que no; de hecho, es una experiencia emocionante, especialmente si está dejando atrás la tiranía de la Unión Soviética para ir a vivir en libertad en los Estados Unidos.

Para un creyente, la muerte no es sino una transición de un país inferior a uno superior. De hecho, sin experimentar la muerte, nunca podríamos viajar a ese "lugar llamado cielo". Pablo nos expone la razón de esto en 1 Corintios 15:50:

> Pero esto digo, hermanos: que la carne y la sangre no pueden heredar el reino de Dios, ni la corrupción hereda la incorrupción.

Suponga que estuviera viajando de este mundo a Marte. Aunque su cuerpo se adapta perfectamente al ambiente de la tierra, no se adapta para nada al "planeta rojo" (o a cualquier otro planeta).

De igual manera, nuestro cuerpo actual de "carne y hueso" está diseñado específicamente para la vida en este mundo, pero nunca podría funcionar en el otro mundo. Es por eso que debe haber un momento en que somos separados de nuestro cuerpo terrenal.

Como he dicho antes, la palabra *muerte* viene de la palabra griega *thanatos*, o "separación". La muerte es una separación de nuestro cuerpo terrenal que es necesaria para que podamos ponernos nuestro cuerpo nuevo.

También podemos pensar en la muerte de la siguiente manera: imagine que es invitado a un baile para celebrar la toma de posesión de un nuevo presidente, como lo fuimos Amy y yo una vez. Señores, en la mañana del evento, ¿se opondrían a intercambiar su piyama por un traje de lujo? Señoras, ¿tendrían problemas para quitarse la bata y ponerse un vestido de Chanel? ¡No lo creo!

Dios ha invitado a cada creyente a un maravilloso lugar para el cual tenemos que estar vestidos debidamente, y Él ha provisto el vestuario apropiado. La muerte no es sino el intercambio de una ropa inferior por una ropa superior.

Randy Alcorn, en su libro *El cielo*, usa otra metáfora para describir la muerte: una fiesta de sorpresa.[112] Suponga que un amigo lo invita a una fiesta donde conocerá algunas personas, pero no muchas. La comida será adecuada, pero nada fuera de lo normal. Usted disfruta de conocer a algunas personas nuevas y de hablar con unos conocidos. De pronto su amigo le dice que es tiempo de irse. Aunque usted no se siente listo para irse, consiente en hacerlo, ya que su amigo es el que lo va a llevar a casa.

Cuando su amigo lo deja en su casa, usted pone la llave en la cerradura y gira el pomo de la puerta. En el momento en que abre la puerta las luces se encienden de repente, y ahí están su familia y sus amigos más allegados. Han llevado regalos y han cubierto la mesa con sus manjares preferidos. Resulta que la primera fiesta no era sino una estratagema para hacerlo salir de su casa para que sus amigos pudieran organizar la segunda fiesta. Si usted se hubiera quedado en la primera fiesta, se habría perdido la verdadera fiesta, la fiesta en su casa.

La vida en la tierra es como la primera fiesta; es bastante placentera. Pero en el momento de la muerte, usted abre la puerta a su verdadero hogar y descubre que la verdadera fiesta se está celebrando ahí.

Me encantaría poder decirle que cada creyente que conozco quien descubrió que tenía una enfermedad terminal se enfrentó a su muerte con gran entusiasmo y sin ningún temor. Pero eso no sería sincero. A través de los años, algunos creyentes con los cuales hablé se lamentaron de tener que "irse de la fiesta demasiado temprano" aun teniendo gran fe en cuanto a su futuro hogar en el cielo. Estaban tristes por lo que tal vez se perderían en la tierra.

No obstante, ¡la verdadera fiesta ya se está celebrando en el cielo! Cualquier tristeza que sientan los creyentes por partir de esta tierra será más que compensada por el júbilo de estar en el cielo. Yo creo que a esto se refería Jesús cuando prometió: "Bienaventurados [literalmente, "felices"] los que ahora lloráis, porque reiréis" (Lc. 6:21).

4. Aproveche al máximo su tiempo en la tierra

Aunque cuando murió a los 120 años, Moisés había vivido unos cuarenta o cincuenta años más que la persona promedio vive hoy en día, vale la pena tomar en cuenta su amonestación acerca del valor y la brevedad de la vida:

> Los días de nuestra edad son setenta años; y si en los más robustos son ochenta años, con todo, su fortaleza es molestia y trabajo, porque pronto pasan, y volamos. Enséñanos de tal modo a contar nuestros días, que traigamos al corazón sabiduría. (Sal. 90:10, 12)

Nunca olvidaré la primera vez que oí a alguien predicar acerca de estos versículos. Era un estudiante de primer año en la Universidad de Baylor, sentado en la capilla de orientación, extrañando a mi novia (ahora mi esposa) quien estaba a cien millas de distancia en la Universidad de Texas. No la vería sino en dos semanas y la observación de Moisés acerca de la brevedad de la vida parecía ser netamente falsa. ¡En esa época de mi vida, el tiempo parecía pasar muy lentamente! Sin embargo, mientras más envejezco, más entiendo lo que Moisés estaba diciendo.

Como dijo un bromista: "La vida es como un rollo de papel higiénico; mientras más se acerca uno al final del rollo, más rápidamente se acaba el papel".

El apóstol Pablo recogió y amplió la idea de Moisés de contar nuestros días y aprender a vivir de manera sabia:

> Mirad, pues, con diligencia cómo andéis, no como necios sino como sabios, aprovechando bien el tiempo, porque los días son malos. (Ef. 5:15-16)

El "andar" en la Biblia es una metáfora para vivir. Y lo que consume su tiempo es lo que determina "cómo camina", es decir, la manera en que vive. Por ejemplo, haga este ejercicio sencillo: haga una lista de sus tres prioridades más importantes en la vida. Luego, en los próximos días, mire a ver cuánto tiempo invierte en desarrollar estas tres prioridades. ¿Está usted caminando —pasando su tiempo— en las cosas que estima ser más importantes en su vida? Como dijo alguien: "La vida es como un dólar. Podemos gastar el dólar como queramos, pero solo lo podemos gastar una vez". Pablo nos amonesta que debemos vivir de manera sabia "aprovechando bien el tiempo" (v. 16). Literalmente, la frase "aprovechar bien" quiere decir "comprar todas las existencias" del tiempo. En otras palabras, debemos invertir en la vida y apoderarnos de ella: aprovechar el momento: *carpe diem*. El filósofo Henry David Thoreau temía que cuando llegara el día de su muerte, "descubriría que no había vivido". Escribió: "No quería vivir algo que no fuera vida... quería vivir profundamente y absorber la vida hasta la médula... echar fuera todo lo que no fuera vida, abrirme un amplio sendero y utilizarlo al máximo".[113] Para expresarlo de manera sencilla: no pierda tiempo; la vida es demasiado corta y preciosa para perderla.

Pasar horas mirando televisión, jugando juegos de video o navegando por Facebook o Twitter hubiera sido inconcebible para Thoreau y Pablo. Para ambos hombres, la vida era algo demasiado valioso como para desperdiciar. Thoreau creía que podía "comprar todas las existencias" de la vida al recluirse en el bosque para "vivir de manera deliberada, enfrentar solo los aspectos esenciales de la vida y ver si podía aprender lo que esta enseña".[114]

Pablo tenía un motivo diferente para "aprovechar bien el tiempo". Él decía que "los días son malos" (v. 16). No se engañe: Satanás hará lo que sea necesario para impedir que usted viva una vida con propósito que honre a Dios. Satanás lo tentará a desperdiciar su tiempo (y de esa manera, su vida) en actividades que no tienen ningún valor, en vez de usar su tiempo para invertir en las prioridades que Dios le ha dado en la vida. Creo que la paráfrasis de J. B. Phillips capta de manera idónea lo que Pablo quería decir sobre el tema de aprovechar al máximo nuestro tiempo breve en la tierra:

> Entonces, vivan su vida con el debido sentido de responsabilidad, no como los hombres que no saben cuál es el significado ni el propósito de la vida, sino como personas que sí lo saben. Aprovechen su tiempo al máximo, a pesar de todas las dificultades que se presentan en esta época. No sean vagos, sino estrechen firmemente lo que saben que es la voluntad de Dios. (Ef. 5:15-17)

5. Antes de partir, reduzca al mínimo sus remordimientos

¿En algún momento ha estado en la puerta de salida de un aeropuerto a punto de subir a un avión cuando le viene la idea *Olvidé avisar al servicio del periódico que estaré fuera por unos días* o *He debido empacar un abrigo más grueso*? Tales lamentos antes de salir de viaje son reales, pero también son triviales comparados con los remordimientos profundos que sienten muchas personas antes de salir de este mundo para entrar al otro. Como pastor, hay pocas cosas más dolorosas que acompañar a alguien en su lecho de muerte que está consumido por remordimientos. Es desgarrador oírles llorar porque dijeron o no dijeron tal cosa a sus seres amados, o lamentarse por cosas que hubieran querido hacer o no haber hecho en su vida.

Nada le quitará el gozo más rápidamente ni devorará sus días más completamente que los remordimientos. El poeta John Greenleaf Whittier captó esta emoción triste con estas líneas:

> Entre todas las palabras tristes pronunciadas o escritas,
> las más tristes son: "Pudo haber sido".[115]

Al trabajar en un centro de cuidados paliativos, la autora Bronnie Ware oyó muchas confesiones que hacían las personas desde su lecho de muerte. Pudo crear así una lista de las cinco cosas que más lamentan los que mueren:

1. "Ojalá hubiese tenido la valentía para vivir una vida fiel a mí mismo en vez de la vida que otros esperaban de mí".
2. "Ojalá no hubiese trabajado tan duro".
3. "Ojalá hubiese tenido la valentía para expresar mis sentimientos".
4. "Ojalá me hubiese mantenido en contacto con mi familia".
5. "Ojalá me hubiese permitido a mí mismo ser más feliz".[116]

Los remordimientos son como el cáncer. Corroen nuestra alma y consumen nuestra paz mental. No es una forma productiva de pasar nuestro tiempo al prepararnos para el cielo. Mi padre era un hombre exitoso desde cualquier punto de vista. Era seguidor de Cristo, tenía un puesto importante en la industria aeronáutica, disfrutaba de ingresos de clase media alta y viajó por todo el mundo. Sus colegas y amigos lo respetaban y su familia lo amaba.

Sin embargo, durante los meses que precedieron su muerte de cáncer pancreático, le oí lamentarse por lo que hubiera podido hacer, pero no hizo en su vida: viajes que anhelaba haber hecho, oportunidades en su carrera que no aprovechó al máximo, palabras que nunca hubiera debido pronunciar, y relaciones de las cuales no disfrutó plenamente. Hasta se lamentó de no haber usado ciertos trajes que había comprado, ya que no quería "desgastarlos".

Los meses finales de mi padre en esta tierra no fueron los más felices. Por medio de su experiencia, aprendí que los remordimientos tienen la capacidad de extinguir el gozo de una vida que de otra manera sería feliz. También aprendí que al final, alguien más venderá o bien regalará nuestra ropa —así como hicimos con los trajes de mi padre— así que más vale que usemos nuestra ropa hoy.

Mientras se prepara para su viaje a ese "lugar llamado cielo", una de las mejores determinaciones que puede tomar es quitar de su vida cualquier remordimiento innecesario. Una manera de hacer esto es evaluar su vida de manera sincera. Tome una hoja de papel y divídala en cinco columnas: Dios, familia, amigos, carrera y finanzas, como aparecen en el gráfico a continuación. Bajo cada columna escriba tres metas que quisiera lograr en cada una de estas áreas antes de morir.

Dios	Familia	Amigos	Carrera	Finanzas

Si le ayuda, haga memoria de la lista de Jonathan Edwards y escriba sus metas como resoluciones. Por ejemplo:

- Resuelvo glorificar a Dios para que pueda oírle decir: "Bien, buen siervo y fiel".

- Resuelvo apreciar, valorar y disfrutar del cónyuge que Dios me ha dado.
- Resuelvo tratar de dirigir a mis hijos a Cristo, ganarme su respeto y celebrar su carácter único.
- Resuelvo valorar a mis amistades al pasar tiempo con aquellos que enriquecen mi vida y orar por ellos.
- Resuelvo escoger un trabajo en el cual utilizo mis dones y pasiones, y me esforzaré por proveer un fundamento financiero sólido para mi familia, tanto ahora como en el futuro.
- Resuelvo asegurarme de tener mis finanzas en orden y que mi familia tenga de qué vivir cuando muera.
- Resuelvo pedirle perdón a cualquier persona a la cual he herido para que cuando yo ya no esté, esa persona siempre recuerde que traté de resolver nuestras diferencias.

A medida que usted evalúa su vida de manera sincera, tal vez se sienta compungido por ciertos errores que ha cometido, ciertas oportunidades que ha despilfarrado o personas que ha herido. La verdad es que es imposible borrar el pasado. La vida no tiene ningún botón de rebobinado. Pero con la ayuda de Dios, usted puede hacer unos cambios en su vida ahora mismo que reestructuren su mañana y su eternidad. Si no cree eso, considere la historia de cierto filántropo sueco.

Alfred Nobel era un químico del siglo diecinueve quien estableció su reputación y ganó su fortuna al estabilizar la nitroglicerina. Al añadir un compuesto específico al líquido altamente volátil, Nobel pudo hacer de ella una pasta que llamó "dinamita". Aunque Nobel ideó la dinamita con el propósito de que se usara para la construcción comercial, para abrir minas, perforar túneles y construir canales, los gobiernos rápidamente adaptaron la dinamita para hacer de ella un instrumento de guerra.

Durante su vida, Nobel fue conocido como el inventor de la dinamita, y de la muerte y destrucción que esta causó. De hecho, cuando murió su hermano Ludvig en 1888, los periódicos confundieron a Ludvig con Alfred y reportaron: "El mercader de la muerte ha muerto". Este error hizo que Alfred tuviera la oportunidad de leer su propio obituario en el periódico.

Al darse cuenta de que cuando muriera, solo se le recordaría por haber hecho posible la matanza de incalculables millones de personas, Nobel decidió en ese mismo momento hacer un cambio significativo en su vida. Tomó la determinación de dedicar el resto de su vida a esfuerzos científicos, artísticos y para lograr la paz, los cuales elevarían la humanidad. Apartó gran parte de su gran fortuna para establecer los premios Nobel que conocemos hoy.

Muy pocos de nosotros lograremos la fama y la fortuna que tenía Alfred Nobel, pero todos podemos dedicar nuestro tiempo, dinero y energía a acciones que nos permitirán vivir y morir sin remordimientos.

6. Encárguese de poner en orden los asuntos prácticos antes de irse

Una última cosa que debe hacer antes de partir a su viaje celestial es asegurarse de que los que queden atrás tengan de qué vivir. Eso fue lo que el profeta Isaías le dijo al rey Ezequías: "Jehová dice así: Ordena tu casa, porque morirás, y no vivirás" (2 R. 20:1). ¡Qué buen consejo!

Un amigo mío asistió a un seminario acerca de la necesidad de hacer preparativos financieros adecuados para la familia por si el esposo o la esposa muere. Mi amigo regresó de la conferencia convencido de que debía tener una conversación franca con su esposa acerca de lo que ella debía hacer en caso de que él muriera antes que ella. "Mi amor, creo que deberías quedarte en la casa ya que la hipoteca está casi saldada", dijo él. La esposa estuvo de acuerdo. "Y si decides volver a casarte, no me molestaría. De hecho, no tendría ningún problema si tú y tu nuevo esposo ocuparan nuestro dormitorio". Una vez más, la esposa no dijo nada.

"Y además, quisiera que él se sintiera con toda libertad de usar mis palos de golf si él fuera un aficionado del juego como yo", añadió él. "¡Ay, no! ¡Eso nunca funcionaría!", dijo la esposa de mi amigo. "¿Por qué no?", preguntó el esposo. "¡Porque tú eres derecho y él es zurdo!" dijo ella.

Es una historia graciosa. Pero lo que no es gracioso es una situación que he visto pasar demasiadas veces: un cónyuge muere sin haber hablado con el cónyuge que queda y sus hijos acerca de sus asuntos financieros: dónde están su testamento y sus pólizas de seguro de vida (si las hay), cuáles son sus contraseñas de seguridad, cómo quiere que sea su funeral, o cualquier otra información importante. El resultado es que los familiares quedan a oscuras acerca de asuntos críticos, lo cual los lleva a perder energía y tiempo que deberían usar para llorar al difunto y luego recuperarse.

Lo he dicho ya en este libro y lo volveré a decir: la muerte es inevitable. Usted va a morir y dejar atrás a su familia. Como dice el orador popular Tony Campolo, un día su familia y sus amigos llevarán su ataúd a un cementerio y lo colocarán en un hoyo, lanzarán tierra sobre usted y luego volverán a la iglesia a comer ensalada de papas. Pero, ¿qué hará su familia después de comer la ensalada de papas?

Algo que pudiera hacer es seguir el ejemplo de Jim Hindle, un asesor financiero certificado. Unos años antes de su muerte, Jim escribió un artículo acerca de cómo dejar sus asuntos financieros en orden. Jim basó sus consejos en 1 Timoteo 5:8:

"Porque si alguno no provee para los suyos, y mayormente para los de su casa, ha negado la fe, y es peor que un incrédulo".

Aparte de tener un testamento, Jim aconsejó que las familias crearan una libreta en la cual hicieran una lista de sus activos y deudas, números de cuentas corrientes y de ahorro, acciones, bonos, certificados de depósito, cuentas de retiro, pensiones, propiedades inmuebles, pólizas de seguro y anualidades. En esta libreta también debían anotar información para crear un obituario y además, los datos de su abogado, su contador, un representante de su banco y su corredor de bienes raíces.

Unos días después de la muerte de Jim, todavía agobiada por la realidad de su muerte, su esposa Audrey fue a ver a su abogado con la libreta de Jim en mano. "Después de mirar la libreta, él movió la cabeza y dijo: 'Esto es increíble'". Ella concluye:

> Jim demostró amor, carácter cristiano e integridad al dejar una parte de sí mismo en esa libreta. Nunca me sentí abandonada ni insegura. Mi esposo nos cuidó bien durante su vida y todavía nos está cuidando después de su muerte.[117]

Haga eso para su familia. No se arrepentirá de haberlo hecho... y tampoco se arrepentirán ellos.

La muerte temprana de mis dos padres influyó grandemente en mi vida. Ambos eran creyentes maduros quienes me enseñaron no solo a vivir como creyente, sino también a morir como creyente. Pero su muerte prematura (por lo menos desde mi punto de vista) fortaleció mi determinación de vivir y morir sin remordimientos.

Si yo fuera a componer mi propio epitafio para ser grabado en mi lápida, no se me ocurriría nada mejor que el que fue grabado en la lápida de Abraham: "Murió Abraham en buena vejez, anciano y lleno de años, y fue unido a su pueblo"

(Gn. 25:8). Abraham no llegó al final de su vida con una larga lista de remordimientos. Estaba satisfecho y contento con su pasado. Por fe en la gracia de Dios sabía que sus errores pasados habían sido perdonados. Estaba satisfecho sabiendo que había transmitido su fe en Dios a sus hijos y nietos. Sentía paz con respecto a su futuro: estaba preparado para su viaje al cielo, donde sería "unido con su pueblo".

¿Está usted listo para su viaje al cielo? Si es creyente, no tiene que temer este viaje, especialmente si considera cuál es su destino. Una de las ilustraciones más conmovedoras del viaje y del destino que le esperan a cada creyente fue escrito hace muchos años por John Todd. Nacido en Rutland, Vermont, en el otoño de 1800, John se mudó con su familia al pequeño pueblito de Killingsworth. Unos años más tarde, el pequeño John quedó huérfano cuando murieron su padre y su madre. Sus hermanos fueron a vivir con diferentes familiares, y una tía bondadosa acordó recibir al pequeño John de seis años.

John vivió con su tía por quince años; luego, al tener poco más de veinte años, fue a estudiar para el ministerio. Años después, al llegar John a la edad madura, su tía se enfermó. Al darse cuenta que estaba por morir, le escribió a su sobrino. Ella sentía miedo a la muerte. Teniendo compasión de ella, John le respondió, recordándole la noche en que ella lo había recibido a él —un niñito temeroso— con tanto amor y cariño en su hogar:

> Ya hace treinta y cinco años que yo, un niño de seis años, quedé completamente solo en el mundo. Tú me mandaste a decir que me darías un hogar y serías una madre bondadosa para mí. Nunca he olvidado el día en que hice el viaje largo de diez millas a tu casa en North Killingsworth. Todavía recuerdo mi decepción cuando, en vez de venir por mí tú misma, enviaste a tu sirviente de color, Caesar, a buscarme.

Bien me acuerdo de mis lágrimas y de mi ansiedad cuando, montado en un caballo grande y agarrado fuerte a Caesar, fui transportado a mi nuevo hogar. Cayó la noche antes de que hubiéramos terminado el viaje, y al oscurecerse, me sentí solo y asustado.

"¿Te parece que ella se acostará antes que lleguemos?" le pregunté ansiosamente a Caesar. "No", me dijo él de manera tranquilizadora. "Estoy seguro que ella se quedará despierta esperándote. Cuando salgamos de este bosque, podrás ver su vela brillando en la ventana". Dentro de poco, salimos del bosque, y efectivamente, ahí estaba tu vela. Me acuerdo que estabas esperando a la puerta, que me abrazaste —un pequeño niño fatigado y desconcertado— y me bajaste de aquel caballo. Tenías un fuego grande quemando en el hogar, una cena caliente esperándome en la estufa. Después de la cena, me llevaste a mi nuevo dormitorio, me escuchaste decir mis oraciones nocturnas y luego te sentaste a mi lado hasta que me dormí.

Me imagino que te darás cuenta de la razón por la que te estoy recordando esto. Algún día pronto, Dios te mandará a llamar para llevarte a tu nuevo hogar. No temas su llamado, el viaje extraño ni el tenebroso mensajero de la muerte. Puedes confiar en que Dios hará lo mismo que hiciste tú por mí hace tantos años. Al final del camino, encontrarás que te espera el amor y una cálida bienvenida, y estarás a salvo al cuidado de Dios.[118]

Una observación final

El cielo es el destino que espera a todos aquellos que aman al Señor Jesucristo, y es tan glorioso que no se puede describir con palabras. Hace un tiempo, asistí a producción teatral del musical clásico *La novicia rebelde*. La música de Rogers y Hammerstein es de una belleza imperecedera y los actores eran estupendos. Pero cuando subió el telón para el primer acto, tuve que contenerme para no estallar en risas.

Ahí estaba la joven monja María cantando alegremente delante de un telón de fondo pintado que representaba los Alpes austríacos. Unos meses antes, había viajado a los Alpes a visitar los lugares exactos donde la película se había filmado. La discrepancia entre esas majestuosas montañas y una representación artística en un pedazo de tela era risible.

He pensado en esa discrepancia durante los últimos seis meses a medida que he escrito este libro. Las palabras en estas páginas —o aun las páginas de la misma Escritura— no son sino un esbozo hecho a lápiz de aquel lugar muy real que Jesús le está preparando ahora mismo.

Es un lugar más glorioso de lo que usted jamás se podría imaginar.

Es un lugar en que cada pena será borrada y cada sueño será realizado.

Es un lugar reservado para aquellos que han recibido el perdón de Dios por medio de la fe en Cristo.

Es un lugar llamado cielo.

NOTAS

Capítulo 1: ¿Cómo afecta mi vida presente el que haya un cielo en el futuro?

1. Philip Yancey, *Disappointment with God: Three Questions No One Asks Aloud* (*Desilusión con Dios*) (Grand Rapids: Zondervan, 1988), 276.
2. Autor desconocido, según se cita en Robert Jeffress, *How Can I Know: Answers to Life's 7 Most Important Questions* [Cómo puedo saber: respuestas a las 7 preguntas más importantes de la vida] (Brentwood, TN: Worthy Publishers, 2012), 137.
3. Joni Eareckson Tada, *Heaven: Your Real Home* (*El Cielo: Su Verdadero Hogar)*, (Grand Rapids: Zondervan, 1995), 15.
4. Ibíd.
5. William Shakespeare, *Hamlet*, 3.1.79, en *William Shakespeare: The Complete Works* [William Shakespeare: las obras completas] (New York: Dorset Press, 1988), 688.
6. C. S. Lewis, *Mere Christianity (Mero cristianismo)*, (San Francisco: HarperSanFrancisco, 2001), 134.
7. Spiros Zodhiates, *What You Should Know About Life After Death* [Lo que usted debería saber acerca de la vida después de la muerte] (Chattanooga, TN: AMG, 2002), 49.
8. Cyprian, "Treatise VII: On the Mortality," [Cipriano, "Tratado VII: sobre la mortalidad"] 26, en *The Ante-Nicene Fathers* [Los padres antenicenos], vol 5, ed. Alexander Roberts y James Donaldson (New York: Charles Scribner's Sons, 1903), 475.
9. Aristides, "The Apology of Aristides on Behalf of the Christians," [la apología de Arístides en favor de los cristianos] 15, trad. J. Rendel Harris, *Texts and Studies: Contributions to Biblical and Patristic Literature*, [Textos y estudios: contribuciones a la literatura bíblica y patrística] vol 1, no. 1, ed. J. Armitage Robinson (London: Cambridge at the University Press, 1893), 49.

10. John Charles Ryle, *Shall We Know One Another and Other Papers* [¿Nos conoceremos? y otros escritos] (Moscow, ID: Charles Nolan Publishers, 2001), 5-6.
11. El tercer cielo, al que se refiere Pablo en 2 Corintios 12:2, es el lugar de la presencia de Dios, el "Paraíso" (12:4; véanse Dt. 26:15; Sal. 14:2; Mt. 6:9-10; 18:18; 28:2). El primer cielo es la atmósfera de la tierra (Gn. 1:20, 26, 28; 8:2; Dt. 28:12; Job 35:5; Sal. 147:8; Mt. 8:20; 13:32; 16:2-3). El segundo cielo es el universo estelar, el lugar en que se encuentran las estrellas y los planetas (Gn. 1:14-15, 17; 15:5; St. 4:19; 17:3; 28:62; Hechos 2:19-20; Heb. 11:12).
12. "Hell Unleashed" [El infierno desatado], *Gladiator* (*El Gladiador*), dirigido por Ridley Scott (2000; Universal City, CA: Universal Studios, 2004), DVD.
13. Lucius Annaeus Seneca, "Consolations Against Death from the Providence and Necessity of It" [Consolaciones por la muerte en vista de la providencia y la necesidad de ella] en *Morals by Way of Abstract* [La moral mediante abstracto], trad. Roger L'Estrange (London: Sherwood, Neely and Jones, 1818), 237.
14. C. S. Lewis, *The Last Battle (La última batalla)*, en *The Complete Chronicles of Narnia* (*Las crónicas de Narnia*) (New York: HarperCollins, 1998), 524 (énfasis en el original).
15. Véase Randy Alcorn, *Heaven (El cielo)* (Carol Stream, IL: Tyndale, 2004), 436.
16. Bruce Wilkinson y David Kopp, *A Life God Rewards: Why Everything You Do Today Matters Forever* [Una vida recompensada por Dios: Por qué todo lo que usted hace hoy tiene importancia eterna] (Colorado Springs: Multnomah, 2002), 16.
17. Alcorn, *Heaven (El cielo)*, 471.
18. Teresa de Ávila, según se cita en Lee Strobel, *The Case for Faith: A Journalist Investigates the Toughest Objections to Christianity* [El caso de la fe: un periodista investiga las objeciones más difíciles contra el cristianismo] (Grand Rapids: Zondervan, 2000), 65
19. Alcorn, *Heaven (El cielo)*, 460.

Capítulo 2: ¿El cielo es un lugar real o es un estado mental?

20. David Jeremiah, *Answers to Your Questions about Heaven* [Respuestas a sus preguntas acerca del cielo] (Carol Stream, IL: Tyndale, 2013), 3.
21. "Heaven" [el Cielo] The Merriam-Webster Dictionary [Diccionario Merriam-Webster] (Springfield: Merriam-Webster, 2005).

22. Véanse Lucas 10:1 y Juan 11:48.
23. La Vulgata —la versión de la Biblia en latín— traduce el sustantivo *mone*, "morada", como *mansiones*. La versión King James o la Authorized Version translitera esta palabra dejándola como "mansions" (mansiones). Sin embargo, lo que Jesús desea señalar en su enseñanza en Juan 14:2 no es que cada creyente vivirá en su propia mansión individual, sino que viviremos en la mansión de Dios y se nos dará una llave a nuestra propia habitación individual. Esta idea viene de la costumbre matrimonial en la época de Jesús. El novio iba a buscar a su novia en la casa de ella y la traía a la casa del padre de él, donde se construía un apartamento para la nueva pareja.
24. Acerca de que Jesús es la única manera de llegar al cielo, por favor véase mi libro *Not All Roads Lead to Heaven: Sharing an Exclusive Jesus in an Inclusive World* [No todos los caminos llevan al cielo: Compartiendo un Jesús exclusivo en un mundo inclusivo] (Grand Rapids: Baker, 2016).
25. Si no está enterado de los acontecimientos que tendrán lugar al final de los tiempos, por favor vea mi libro *Perfect Ending: Why Your Eternal Future Matters Today* [El final perfecto: por qué su futuro eterno es importante hoy] (Brentwood, TN: Worthy, 2014).
26. Entre otros pasajes bíblicos que dicen que los cielos presentes y la tierra presente pasarán, están Salmos 102:25-26; Isaías 51:6; y Mateo 24:35.
27. Véase Ron Rhodes, *The Wonder of Heaven: A Biblical Tour of Our Eternal Home* [La maravilla del cielo: una gira bíblica de nuestro hogar eterno] (Eugene, OR: Harvest House, 2009), 135.
28. Véase Jeremiah, *Answers to Your Questions about Heaven* [Respuestas a sus preguntas acerca del cielo], 115.
29. Creemos que la Nueva Jerusalén tiene la forma de un cubo (a diferencia de, digamos, la forma de una pirámide) porque el Lugar santísimo, la morada de Dios en el templo de Salomón, tenía la forma de un cubo (1 Reyes 6:20).
30. Sam Roberts, "It's Still a Big City, Just Not Quite So Big" [Todavía es una ciudad grande, solo no tan grande], *New York Times*, 22 de mayo de 2008, http://www.nytimes.com/2008/05/22/nyregion/22shrink.html.
31. Ron Rhodes, *What Happens After Life? 21 Amazing Revelations about Heaven and Hell* [¿Qué ocurre después de la vida? 21 revelaciones increíbles acerca del cielo y del infierno] (Eugene, OR: Harvest House, 2014), 69.
32. La razón exacta por la cual hay doce ángeles apostados en las doce puertas, en las cuales están inscritas las doce tribus de Israel, y por la cual en

los doce fundamentos están inscritos los doce apóstoles, es un misterio. Véase Rhodes, *What Happens After Life*? [¿Qué ocurre después de la vida?], 70-71.

33. La palabra griega para "sanidad" en Apocalipsis 22:2 es *therapeia*, del cual tomamos la palabra *terapia* en español. La idea básica de *therapeia* es "que da salud". Ya que no hay ninguna enfermedad ni muerte en el cielo (21:4), es mejor interpretar la palabra en el sentido de "que da bienestar". Sin embargo, fíjese que no se menciona el árbol del conocimiento del bien y del mal. No es necesario probar a los seres humanos en el cielo. Los redimidos ya saben lo que es el pecado y cuáles son sus efectos devastadores y han sido salvos por la sangre de Cristo, quien pasó la prueba; ya no desean el pecado.
34. C. S. Lewis, *The Problem of Pain (El problema del dolor)* en *The Complete C. S . Lewis Signature Classics* [La colección entera de clásicos de C. S. Lewis] (New York: HarperCollins, 2002), 428.

Capítulo 3: ¿Hay personas que ya han visitado el cielo?

35. "Dwight L. Woody is dead" [Dwight L. Woody está muerto], *New York Times*, 23 de diciembre, 1899, http://query.nytimes.com/mem/archive-free/pdf?res=9B04E1DA153CE433A25750C2A9649D94689ED7CF.
36. "Near-Death Experiences: Key Facts," [Experiencias cercanas de la muerte: hechos clave] International Association for Near-Death Studies, [Asociación Internacional de Estudios de Cercanía a la Muerte], visitado el 12 de enero de 2017, https: //iands.org/images/stories/pdf_downloads/Key%20Handouts-brochure-small.pdf.
37. Gideon Lichfield, "The Science of Near-Death Experiences," [La ciencia de las experiencias cercanas a la muerte], *Atlantic*, Abril 2015, http://www.theatlantic.com/features/archive/2015/03/the-science-of-near-death-experiences/386231/.
38. "'Heaven Is for Real' Hit Major Sales Milestone," ['El cielo es real' alcanzó importante meta de ventas] Christian Retailing [Diario de ventas al por menor de productos cristianos], 11 de diciembre de 2014, http://web.archive.org/web/20141218031545/http://christianretailing.com/index.php/newsletter/latest/27680-heaven-is-for-real-hits-major-sales-milestone.
39. Alex Malarkey, según se cita en Dustin Germain, "'The Boy Who Came Back from Heaven' Recants Story, Rebukes Christian Retailers," ['El niño que regresó del cielo' retracta su historia, reprende a los comerciantes cristianos] Pulpit & Pen [púlpito y pluma] (blog), 13 de enero de 2015, http://pulpitandpen.org/2015/01/13/the-boy-who-came-back-from-heaven-recants-story-rebukes-christian-retails/.

40. Comunicado de prensa de Tyndale House Publishers' según se cita en Ron Charles, "'The Boy Who Came Back from Heaven' Actuallly Didn't; Books Recalled," ['El niño que volvió del cielo' en realidad no volvió; los libros son retirados del mercado], *Washington Post*, 16 de enero de 2015, https://www.washingtonpost.com/news/style-blog/wp/2015/01/15/boy-who-came-back-from-heaven-going-back-to-publisher/.
41. Malarkey, según se cita en Germain, "The Boy Who Came Back from Heaven' Recants Story," ['El niño que regresó del cielo' retracta su historia].
42. J. Isamu Yamamoto, "The Near-Death Experience, Part Two: Alternative Explanations," [Las experiencias cercanas a la muerte, parte dos: explicaciones alternas] *Christian Research Journal*, verano de 1992, http://www.iclnet.org/pub/resources/text/cri/cri-jrnl/web/crj0098a.html.
43. "Miracle Makers," [Hacedores de Milagros], *The Princess Bride (La princesa que quería soñar)* dirigido por Rob Reiner (1987; Beverly Hills, CA: MGM Studios, 1999), DVD.
44. Acerca de la descripción de Colton Burpo del Espíritu Santo y Dios el Padre, véase "Frequently Asked Questions" [Preguntas frecuentes], Heaven Is for Real Ministries [Ministerio 'El cielo es real']. http://www.heavenlive.org/about/faq.
45. Yamamoto, "The Near-Death Experience, Part Two: Alternative Explanations" [Las experiencias cercanas a la muerte, parte 2: explicaciones alternas].
46. Dinesh D'Souza, *Life After Death: The Evidence* [La vida después de la muerte: la prueba], (Washington, DC: Regnery, 2009), 68.
47. Lichfield, "The Science of Near-Death Experiences,"[La ciencia de las experiencias cercanas a la muerte].
48. Véanse Deuteronomio 18:10-13; Gálatas 5:19-21; y Apocalipsis 21:8.
49. Véase Rhodes, *Wonder of Heaven* [Maravilla del cielo], 241.

Capítulo 4: ¿Los creyentes van directamente al cielo cuando mueren?

50. Reinhold Niebuhr, según se cita en David L. Chappell, A Stone of Hope: Prophetic Religion and the Death of Jim Crow [Una piedra de esperanza: la religión profética y la muerte de Jim Crow](Chapel Hill: University of North Carolina Press, 2004), 50.
51. Alcorn, *Heaven (El cielo)*, xix.
52. J. Sidlow Baxter, *The Other Side of Death: What the Bible Teaches About Heaven and Hell* [El otro lado de la muerte: lo que la Biblia enseña acerca del cielo y del infierno] (Grand Rapids: Kregel Publications, 1987), 22.

53. Jack Nicholson, según se cita en Rhodes, *Wonder of Heaven* [Maravilla del cielo], 26-27.
54. Tada, *Heaven: Your Real Home (El Cielo: Su Verdadero Hogar)*, 201.
55. Según se cita en Rhodes, *Wonder of Heaven* [Maravilla del cielo], 48.
56. Alcorn, *Heaven (El cielo)*, 57.
57. Charles Dickens, *A Christmas Carol* (*Un cuento de Navidad)* (New York: Barnes & Noble, 2005), 17.
58. Erwin. W. Lutzer, *How You Can Be Sure You Will Spend Eternity with God* [Cómo puede estar seguro de que pasará la eternidad con Dios] (Chicago: Moody Publishers, 2015), 9.

Capítulo 5: ¿Qué haremos en el cielo?

59. Mark Twain, según se cita en Archibald Henderson, *Mark Twain* [Mark Twain] (New York: Frederick A. Stokes Co., 1912), 109.
60. Mark Twain, "Tammany and Croker" [Tammany y Croker] en *Mark Twain's Speeches* [Los discursos de Mark Twain] (New York: Harper & Brothers Publishers, 1910), 117.
61. Isaac Asimov, según se cita en Alcorn, *Heaven (El cielo)*, 409.
62. G. K. Chesterton, *Orthodoxy* [La ortodoxia] (Wheaton, IL: Harold Shaw Publishers, 1994), 61.
63. Véase Katy Sharp, "A Tour of the NFL's Loudest Stadiums" [Una gira de los estadios más ruidosos de la NFL], *SB Nation*, 18 de septiembre de 2014, http://www.sbnation.com/nfl/2014/9/18/6257281/nfl-loudest-stadiums; y Kevin Lynch, "Seattle Seahawks Fans 'Cause Minor Earthquake' with World Record Crowd Roar" [Los hinchas de los Seattle Seahawks "producen un pequeño terremoto" con el rugido de la multitud que batió el record mundial], *Guinness World Records*, 4 de diciembre de 2013, http://www.guinnessworldrecords.com/news/2013/12/seattle-seahawks-fans-cause-minor-earthquake-with-world-record-crowd-roar-53285/.
64. Tada, *Heaven: Your Real Home* (*El Cielo: Su Verdadero Hogar)*, 64.
65. Alcorn, *Heaven (El cielo)*, 196.
66. Véanse Lucas 22:69; Hechos 2:33; 7:55-56; Romanos 8:34; Efesios 1:20; Colosenses 3:1; Hebreos 1:3; 8:1; 10:12; 12:2; 1 Pedro 3:22, Apocalipsis 3:21.
67. Para más información sobre el reino milenario, véase mi libro *Perfect Ending: Why Your Eternal Future Matters Today* [El final perfecto: por qué su futuro eterno es importante hoy] (Brentwood, TN: Worthy, 2014), 137-60.
68. Jeremiah, *Answers to Your Questions about Heaven* [Respuestas a sus preguntas sobre el cielo], 32.

69. Sam Storms, según se cita en Alcorn, *Heaven (El cielo)*, 179.

Capítulo 6: ¿Las personas en el cielo saben lo que está pasando en la tierra?

70. Aunque la Biblia muchas veces se refiere al cuerpo durmiendo como una metáfora de la muerte (Juan 11:11-14; Hechos 7:59-60; 13:36; 1 Ts. 4:13), no menciona en ninguna parte el sueño del alma. La palabra griega traducida "dormirse" es *koimao*, el cual viene de la misma palabra griega que se traduce "acostarse". *Koimao* se usaba para describir alguien que dormía en un hotel y luego seguía su viaje por la mañana. Esto es lo que pasaba con el cuerpo del creyente en el momento de la muerte. El cuerpo "duerme" en la tierra, y el alma se levanta y sigue su viaje al cielo. Véase Jeremiah, *Answers to Your Questions about Heaven* [Respuestas a sus preguntas sobre el cielo], 12.
71. Warren Wiersbe, *The Wiersbe Bible Commentary: New Testament* [Exégesis sobre la Biblia: Nuevo Testamento] (Colorado Springs, CO: David C. Cook, 2007), 1097.
72. Véanse Josué 15:8; 18:16; 2 Reyes 23:10; Nehemías 11:30.
73. Véanse 2 Crónicas 28:3; 33:6; Jeremías 19:6; 32:35.
74. C. S. Lewis, *The Screwtape Letters* [*Cartas del diablo a su sobrino*] (San Francisco: HarperSanFrancisco, 2001), 61.
75. Véanse Mateo 7:13; 2 Tesalonicenses 1:8-9; véanse también 1 Corintios 5:5; 1 Tesalonicenses 5:3; 1 Timoteo 6:9.
76. Sobre nuestra adoración perpetua a Dios, véase Apocalipsis 1:6; 4:9; y 5:13. Sobre la vida perpetua de Dios, véase Apocalipsis 4:10 y 10:6. Y sobre el reino de Dios que no tendrá fin, véase Apocalipsis 11:15.
77. James Joyce, *A Portrait of the Artist as a Young Man* [El retrato del artista adolescente] (New York: Everyman's Library, 1991), 151-52.
78. Peter Kreeft, *Christianity for Modern Pagans: Pascal's Pensées* [El cristianismo para los paganos modernos: los pensamientos de Pascal] (San Francisco: Ignatius Press, 1993), 196.
79. Randal Rauser, según se cita en Rhodes, *Wonder of Heaven* [Maravilla del cielo], 144.
80. J. I. Packer, *Knowing God* [Conociendo a Dios] (Downers Grove, IL: InterVarsity Press 1973), 138.
81. J. I. Packer, "Hells' Final Enigma," [El enigma final del infierno] *Christianity Today* 46, no. 5 (22 de abril, 2002): 84, http://christianitytoday.com/ct/2002/april22/27.84.html.

Capítulo 7: ¿Nos reconoceremos unos a otros en el cielo?

82. Erma Bombeck, según lo cita Charles R. Swindoll en Improving Your Serve:

The Art of Unselfish Living (Nashville: W Publishing Group, 1981), 51.

83. Gráfico copyright © 1979m 2008, 2017 por Charles R. Swindoll, Inc. Todos los derechos reservados. Usado con permiso. La sección "El creyente milenario" no forma parte del gráfico original, y las opiniones expresadas en esta sección son las del autor y no necesariamente reflejan la opinión de Charles R. Swindoll, Inc. o Insight for Living Ministries.
84. Juan Calvino, según se cita en Rhodes, *Wonder of Heaven* [Maravilla del cielo], 84.
85. Véase 1 Corintios 15:12-19.
86. Lucas 24:33 menciona que los dos discípulos en camino a Emaús encontraron a los once discípulos. Sin embargo, como Tomás estaba ausente en ese momento, el término "los once" se usa en sentido técnico para indicar a todos los discípulos, como unidad.
87. Tada, *Heaven: Your Real Home (El Cielo: Su Verdadero Hogar)*, 53.
88. Apocalipsis 5:9 y 7:9 nos dicen que el cielo está poblado de personas de toda nación, tribu y lengua, lo cual me lleva a pensar que retendremos nuestras distinciones raciales en el cielo.
89. Alcorn, *Heaven (El cielo)*, 290 (énfasis en el original).
90. Ibíd., 287.
91. Rhodes, *What Happens After Life*? [¿Qué pasa después de la vida?], 107

Capítulo 8: ¿El cielo será igual para todos?

92. Véanse Efesios 6:8; Apocalipsis 2:23; Mateo 12:36-37; Lucas 19:11-26; 1 Pedro 1:17; Mateo 10:41-42; Lucas 14:12-14; :Lucas 6:27-28, 35; Daniel 12:3; y Mateo 6:1-4 respectivamente.
93. Pablo no explica el significado espiritual de los metales preciosos y de las piedras preciosas que usa en su ilustración en 1 Corintios 3:12. Sin embargo, en otros lugares de la Escritura, el oro se usa para indicar la gloria de Dios, por ejemplo, en el tabernáculo (Éx. 25) y el templo (1 Reyes 6:21-32). La plata es el metal de la redención (Lv. 27), y aunque las piedras preciosas no se detallan, hay muchas otras cosas que los creyentes pueden hacer con sus talentos, su tiempo y sus tesoros para cumplir con el gran mandamiento de amar a Dios y a otros (Mt. 22:36-40).
94. Erwin Lutzer: *Your Eternal Reward: Triumph and Tears at the Judgment Seat of Christ (Tu Eterno Galardón: Triunfo* y *lágrimas ante el tribunal de Cristo)* (Chicago: Moody Publishers, 2015), 51.
95. Norman Geisler, según se cita en Rhodes, *Wonder of Heaven* [Maravilla del cielo], 189, énfasis en el original.

96. William Barclay, *The Letters to the Philippians, Colossians and Thessalonians*, Daily Bible Series (*Comentario al Nuevo Testamento, Tomo 11: Filipenses, Colosenses y Tesalonicenses*) (Louisville: Westminster John Knox Press, 2003), 223.
97. Billy Graham, *Where I Am: Heaven, Eternity, and Our Life Beyond* (*Donde yo estoy: El cielo, la eternidad y nuestra vida más allá del presente*) (Nashville: W Publishing Group, 2016), 229.
98. John Walvoord, "End Times: Understanding Today's World Events in Biblical Prophecy" [Los días postreros: entendiendo los sucesos mundiales hoy día a la luz de la profecía bíblica] , en *Understanding Christian Theology*, [Entendiendo la teología cristiana], ed. Charles R. Swindoll y Roy B. Zuck (Nashville: Thomas Nelson, 2003), 1279.
99. Lutzer, *Your Eternal Reward* (*Tu eterno galardón*), 78.

Capítulo 9: ¿Quiénes estarán en el cielo?

100. Véanse Levítico 11:44-45; 19:2; 20:7; 26.
101. Mi libro *Not All Roads Lead to Heaven: Sharing an Exclusive Jesus in an Inclusive World* [No todos los caminos llevan al cielo: Compartiendo un Jesús exclusivo en un mundo inclusivo] (Grand Rapids: Baker Books, 2016) se dedica a señalar la exclusividad de Jesucristo como la única manera de recibir salvación y el único camino al cielo.
102. Lewis, *Mere Christianity (Mero cristianismo)*, 52.
103. En cuanto a la exclusividad de Jesús como la fuente de salvación y la manera de recibir la salvación, véanse Juan 3:16; 11:25-26; Hechos 16:31; Romanos 10:9.
104. Charles R. Swindoll, *The Owner's Manual for Christians: The Essential Guide to Understanding Biblical Truth* [El manual del usuario para cristianos: la guía esencial para entender la verdad bíblica] (Nashville: Thomas Nelson, 2009), 229 (énfasis en el original).
105. Véase Charles C. Ryrie, *Basic Theology: A Popular Systematic Guide to Understanding Biblical Truth* (*Una guía sistemática popular para entender la verdad bíblica*)(Chicago: Moody, 1999), 37-38.
106. Para un estudio más a fondo de lo que ocurre con los niños y los de mente infantil cuando mueren, véase mi libro *Not All Roads Lead to Heaven* [No todos los caminos llevan al cielo], 165-76.

Capítulo 10: ¿Cómo puedo prepararme para mi viaje al cielo?

107. Warren Buffett, según se cita en Elliot Blair Smith, "Warren Buffet Signs

Over $30.7 Billion to the Bill and Melinda Gates Foundation" [Warren Buffet entrega más de $30.7 billones a la Bill & Melinda Gates Foundation], *USA Today*, 26 de junio, 2006, http://usatoday30.usatoday.com/money/2006-06-25-buffett-charity_x.htm.

108. George Marsden, *Jonathan Edwards: A Life* [Jonathan Edwards: una vida], (New Haven, CT: Yale University Press, 2003), 51.

109. Jonathan Edwards, "The Christian Pilgrim" ["El peregrino cristiano"] en *The Works of Jonathan Edwards* [Las obras de Jonathan Edwards], vol 2, ed. Edward Hickman (Edinburgh: Banner of Truth, 1974), 244.

110. Jonathan Edwards, *Jonathan Edwards' Resolutions and Advice to Young Converts*, [Las resoluciones y los consejos de Jonathan Edwards para los nuevos convertidos] ed. Stephen J. Nichols (Phillipsburg, NJ: Presbyterian and Reformed, 2001), 18-19, 24.

111. Winston S. Churchill, según se cita en James C. Humes, *The Wit and Wisdom of Winston Churchill: A Treasury of More Than 1000 Quotations and Anecdotes* [El ingenio y la sabiduría de Winston Churchill: Una colección de más de 1000 citas y anécdotas](New York: HarperCollins, 1994), 25.

112. Adaptado de Alcorn, *Heaven (El cielo)*, 457.

113. Henry David Thoreau, *Walden, or Life in the Woods* (*Walden o la Vida en los Bosques*) (New York: Everyman's Library, 1910), 80-91.

114. Ibíd., 80.

115. John Greenleaf Whittier, "Maud Miller" en *The Poems of John Greenleaf Whittier (Poesía de John Greenleaf Whittier)* (Boston: James R. Osgood and Co., 1878), 206.

116. Bronnie Ware, "Regrets of the Dying," [Remordimientos de los moribundos] *Inspiration and Chai* [Inspiración y chai] (blog), 19 de noviembre, 2009, http://bronnieware.com/regrests-of-the-dying/.

117. Audrey Hindle, "A Husband's Final Gift," [El último regalo de un esposo] según se cita en Robert Jeffress, *The Road Most Traveled: Releasing the Power of Contentment in Your Life (El camino más transitado: libere el poder del contentamiento en su vida)* (Nashville: Broadman & Holman, 1996), 160-62.

118. Según se cita en Charles R. Swindoll, *Living on the Ragged Edge: Coming to Terms with Reality* (El vivir en el borde precario: aceptando la realidad] (Waco: Word, 1985), 358-59.

ACERCA DEL AUTOR

El doctor Robert Jeffress es el pastor principal de First Baptist Church, de Dallas, Texas, la cual cuenta con 13 000 miembros. Es además colaborador del canal Fox News y profesor adjunto en el Dallas Theological Seminary. El doctor Jeffress ha participado como invitado en diferentes programas de radio y televisión y colabora regularmente en importantes medios de comunicación tales como *Fox and Friends*, *The O'Reilly Factor*, *Hannity*, *Lou Dobbs Tonight*, *Varney and Co.*, y *Judge Janine* de Fox News; *Good Morning America* del canal ABC y *Real Time with Bill Maher* del canal HBO. El doctor Jeffress es presentador de un programa radial diario, *Pathway to Victory* [Camino a la victoria], que se oye en toda la nación a través de ochocientas emisoras radiales en mercados importantes como Dallas y Forth Worth, la ciudad de Nueva York, Chicago, Los Ángeles, Washington DC, Houston y Seattle. Su programa de televisión semanal se puede ver en 195 países y en 11 283 sistemas de cable y de satélite en todo el mundo, incluso la China, y en las redes Trinity Broadcasting Network y Daystar.

El doctor Jeffress es el autor de más de veinte libros, entre los cuales figuran *When Forgiveness Doesn't Make Sense* [Cuando el perdón no tiene sentido], *Countdown to the Apocalypse* [Cuenta regresiva al apocalipsis] y *Not All Roads Lead to Heaven* [No todos los caminos llevan al cielo]. Recientemente, el doctor Jeffress guió a su congregación a completar la reconstrucción de su recinto en el centro de Dallas, por un costo de $135 millones. El proyecto es el más grande en la historia de la iglesia en nuestra época y sirve como un "oasis espiritual" que cubre seis cuadras del centro de Dallas.

El autor tiene un grado de DMin (doctor de ministerio) de Southwestern Baptist Theological Seminary, un ThM (maestría de ministerio) de Dallas Theological Seminary, y una licenciatura de Baylor University. En mayo de 2010 recibió un grado de Doctor of Divinity (doctor en teología) de Dallas Baptist University, y en junio de 2011 recibió el premio de distinguido exalumno del año de Southwestern Baptist Theological Seminary.

El doctor Jeffress y su esposa, Amy, tienen dos hijas, Julia y Dorothy, y un yerno, Ryan Sadler.

profundamente nuestra vida en la tierra es importante. Jesús le está preparando un lugar en el cielo, un lugar que es perfecto para usted. ¡Imagínese! Ojalá pueda leer vorazmente estas páginas, como hice yo, y empezar a vivir más intencionalmente, poniendo la mira en la eternidad".

—SUSIE LARSON, locutora radial, oradora y autora de *Your Powerful Prayers* [Sus oraciones poderosas]

"El doctor Robert Jeffress no solo sigue teniendo uno de los ministerios de predicación más notables en Estados Unidos, sino que pone su ministerio al alcance de todos a través de la publicación de muchos de sus mensajes. Este libro sobre el cielo no es ninguna excepción. La gran mayoría parece tener temor de predicar acerca del destino eterno de las personas, y prefieren hablar de los temas polémicos de la época. Pero *Un lugar llamado cielo* contesta preguntas serias que el creyente promedio está desesperado por saber. Además, este libro producirá un deseo de parte de los que lo leen de experimentar por sí mismos las glorias del cielo. El capítulo sobre lo que la gente hará en el cielo es uno de los más perspicaces que jamás he leído".

—DR. PAIGE PATTERSON, presidente, Southwestern Baptist Theological Seminary, Ft. Worth, Texas

"Robert Jeffress va directamente al grano; de hecho, aborda de forma sincera diez de los temas principales que las personas necesitan saber y creer si esperan ir al cielo. *Un lugar llamado cielo* tiene un enfoque claro y bíblico. Es un libro que recomiendo a todos, porque es además una excelente herramienta para usar al comunicar las buenas nuevas del evangelio a los demás".

—DR. MARK BAILEY, presidente, Dallas Theological Seminary, Dallas, Texas

"Mil años en el futuro, usted estará vivo... en algún lugar. Nadie está verdaderamente listo para vivir la vida a plenitud hasta que esté listo para morir. Robert Jeffress imparte la verdad bíblica con el fin de que usted pueda tener la certeza de que vivirá para siempre en... *Un lugar llamado cielo*".

—DR. O. S. HAWKINS, presidente y ejecutivo principal, Guidestone Financial Resources, Dallas, Texas

"Como bien dijo C. S. Lewis: 'Si lee la historia, encontrará que los creyentes que mayores cosas lograron en el presente mundo fueron los que más pensaban en el próximo'. Nuestro problema no es que pensamos demasiado acerca del cielo, sino que más bien, pensamos en él demasiado poco. En *Un lugar llamado cielo*, mi amigo Robert Jeffress, ha hecho un trabajo magistral de ayudar a los creyentes a pensar de manera bíblica acerca de aquel hogar futuro que Jesús está preparando para cada creyente".

—DR. DAVID JEREMIAH, fundador y presidente de
Turning Point Ministries

"Para los creyentes, el cielo es lo más importante. Nuestra vida en la tierra no es sino hilillo de humo comparado con la eternidad del cielo, de modo que tiene sentido aprender todo lo que podamos acerca de nuestro hogar eterno. El doctor Jeffress hace un excelente trabajo al contestar las preguntas de las personas acerca de este maravilloso lugar más allá de la tumba, y recomiendo enfáticamente *Un lugar llamado cielo* a todo seguidor de Cristo. También les recomiendo el libro a los que todavía no siguen a Cristo, ¡ya que le dará al lector escéptico respuestas concretas y bíblicas a sus preguntas más difíciles acerca del mundo más allá de la tumba!"

—JONI EARECKSON TADA, Joni and Friends
International Disability Center

"Todos estamos curiosos acerca del cielo, y afortunadamente, este libro usa enseñanzas bíblicas para ayudarnos a vislumbrar lo que hay detrás de la cortina. ¡Léalo y le recordará que lo mejor está por venir!"

—DR. ERWIN LUTZER, pastor emérito
The Moody Church, Chicago, Illinois

"¿Por qué será que la mayoría de nosotros sabe tan poco acerca del cielo? Si la manera en que vivimos aquí influye directamente en la manera en que viviremos allá —en la eternidad—, ¿no deberíamos saber más acerca de las consecuencias de esta vida y del lugar que Dios está preparando para sus herederos? Estoy bastante entusiasmado con este libro que tiene en sus manos. El doctor Jeffress es una fuerte voz cristiana en esta época caótica, y *Un lugar llamado cielo* es un llamado claro a que todos miremos hacia arriba y consideremos una vez más cuánto Dios nos ama y qué tan